国学关键词著述

逍遥与境界

韩德民 主编　王兆胜 著

北京联合出版公司
Beijing United Publishing Co.,Ltd.

图书在版编目（CIP）数据

逍遥与境界 / 王兆胜著．—北京：北京联合出版公司，2019.10
（国学关键词著述 / 韩德民主编）
ISBN 978-7-5596-3543-3

Ⅰ．①逍… Ⅱ．①王… Ⅲ．①中华文化－研究 Ⅳ．① K203

中国版本图书馆 CIP 数据核字（2019）第 184520 号

逍遥与境界

著　　者：王兆胜
主　　编：韩德民
策划统筹：北京凤凰壹力文化发展有限公司
责任编辑：郑晓斌　徐　樟
特约编辑：蔡时真
封面设计：张　凯
版式设计：鹏飞艺术　周　丹

北京联合出版公司出版
（北京市西城区德外大街 83 号楼 9 层　100088）
三河市中晟雅豪印务有限公司　新华书店经销
108 千字　960 毫米 ×640 毫米　1/16　12 印张
2019 年 10 月第 1 版　2019 年 10 月第 1 次印刷
ISBN 978-7-5596-3543-3
定价：39.80 元

未经许可，不得以任何方式复制或抄袭本书部分或全部内容
版权所有，侵权必究
本书若有质量问题，请与本公司图书销售中心联系调换。电话：010-85376701

目录

引言

还是在童年的时候，我最喜爱的游戏之一就是在山村的水湾旁“打水漂”。这是一个很简单的游戏，想来许多生长在农村的孩子都有体验。捡来一些薄薄的石片，用一种手法一个个扔出去，石片就会在水面上飞快地奔跑，水花溅开，石片有如长了翅膀，有时竟能飞过水湾跳跃到对面去。

令童年的我充满激动和好奇的还有一种小虫子，叫“浮虫”，小时候我们都叫它“担子钩”。这种虫子大不过秋天的蚊子，极其瘦弱，腿也极长。然而，它却很有本领，能在水面上以极快的速度滑行，其静如处子，动若脱弦之箭，快如流星。它脚下的仿佛不是水面，而是镜子。浮虫好似一个滑冰健将，在光滑的水面上纵横驰骋，令人陶醉。可以设想一下，在封闭的山村，在稚弱的童年，一切都是那么缺乏，而这浮虫却给我带来了无边的欢乐与幻想。因为我光着屁股游泳时沉如石头，口常灌水，总呛鼻子，所以对这种小虫子特别佩服。我也常常蹲在水边看这比人聪慧和灵气的浮虫滑翔，总是浮想联翩，忘了时间。

随着岁月的流逝，我离开了农村，来到都市生活。都市以其热闹和绚烂将我包围；然而，我再也看不到宽阔的水面和轻灵的浮虫了。我的心开始沉重起来，有时甚至觉得放弃乡村、选择都市是一种错误。当年为了离开落后的山村考上大学，不知吃了多少苦，受过多少罪！此时的我不得不“移情别恋”，努力从都市和书本中寻找轻盈而灵性的东西。比如天上的风筝、飘浮的柳絮，比如从树上飘落的金黄秋叶，比如自己脚下日行九万里而在茫茫天宇中如小球般浮游的地球。生活与生命日益沉重，而我却靠一些轻灵之物得以解脱，从而使自己的身心超越现实生活中那些无尽的苦难与忧伤。

在接触老庄道家一脉时，我心中有说不出来的兴奋。道家文化以大自然为本位，以生命和自然之“道”为依归，从世俗人生中淡出，充分体悟天地之心。尤其是庄子丰富的想象、天才的文思和浪漫的才情，更令我心服。那“抟扶摇而上者九万里”、展翅而飞的大鹏，那结绳葫芦而在江海中畅游的隐者，那将自己变成蝴蝶、不知物我的庄周，那饮甘露、吸晨风、不食五谷的真人，都如清水般洗涤和陶冶着我的心扉，使我身轻如燕、神清气爽。我似乎获得了某种新生。此时，我感到自己慢慢发生了一种变化：小小的心灵如大海一般可以虚空不满，可以容纳百川；沉沉的内心轻灵自适，可以飞升超越世俗的云烟，不为物我所累所役。

20 世纪 90 年代初，当我全面阅读中国现代作家、学者林语堂的作品时，我被深深地感动了。后来，我探讨其中的原因，恐怕仍然是林语堂那道家的情怀——对生命的悲剧性感悟，对世俗喧嚣的超脱，对人生的热爱与眷恋。我有时想，林语堂与老庄、陶渊明、苏东坡等人不同，他的真正魅力可能不在理性、不在深刻、不在简明、不在冲淡，而在一种弥漫。这种弥漫带着感伤、怀着希望、含着温情、蕴着柔美，它令你想到春天空中款款飞舞的柳絮，一片洁白，轻灵而散漫，有心而无心，感伤而快乐，在阳光下，它们熠熠生辉。当我诵读林语堂关于四季、关于人生、关于生命的散文时，这种感受尤为深切。

后来，我顿悟了，原来我心中有一种对空灵对逍遥精神的崇尚，一种对超越世俗世界的渴望。可能我童年时的爱好，青年时对高考，对文学、艺术和学术研究的孜孜以求都与此相关吧？所以当韩德民博士邀我写这本关于“逍遥”的书时，尽管自己当时很忙，但还是不假思索地答应了下来。在我看来，能对中国文化中的逍遥精神作一感悟、梳理和把握，不仅对那些身心疲惫的人，就是对我本人这样的逍遥之士，也是一件快心之事。

我深知，要对“逍遥”的境界做一探讨并非易事，因为它看不见、摸不着、嗅不到，也就是说它无形、无色、无状、无味。“逍遥”更多的往往是一种感觉、心态、意绪、趣味、精神和灵魂，它往往是只可意会而不可言传的。比如，有时悲喜自心底油然而生，这就不是用理性能够分析的；又如佛经所言“一灯能除千年暗”，这里的体悟全在“慧心”二字。

不过，尽管逍遥的境界具有感性化、心灵化和精神化的特点，但在中国历史上它却是真实存在的，并且代有其人，不绝如缕：上自老子、庄子、列子，中至阮籍、嵇康、谢灵运、陶渊明、王羲之、王维、张旭、李白、苏轼、米芾，下至徐霞客、徐渭、袁宏道、袁枚、金圣叹、沈复、郑燮、周作人、林语堂……在他们身上都不同程度地表现出我行我素、逍遥自适的情怀与境界，只是他们表现的方式不同罢了。比如，像嵇康、张旭、徐渭比较外在，他们愤世嫉俗、如痴如醉；像陶渊明、苏轼、林语堂比较内在，他们从容不迫，如闲云野鹤；而老子和庄子则具有智慧的特点，他们大彻大悟、大智大慧，如同真人、神人。

依照我的理解，“逍遥”最大的特点是自由，是身与心的自由。如果一个人能不为物我所役，自然而然地生活，充分感受天地之心之道，那他将是逍遥的，没有滞碍的。当然，“逍遥”也不是绝对的自由，可以无所依恃、无所假借，即使像庄子所说的“真人”也是如此。在庄子看来，他的老师老子是个真人，但他的西去不是也要骑着青牛吗？而在藐姑射之山上的神人，不食五谷，但也同样要吸风饮露、乘云气、御飞龙，这样他才能游乎四海之外。

所以，在探讨“逍遥”的境界时，我试图做到下面几点：一是感悟的方式。应该说，理解人精神世界的最有效途径不是科学，而是直觉与感悟，是心与心的会通与感应。感悟不会因远隔千山、相去万水，也不会因心隔肚皮而中断，它就如同水的渗透、云的流逸和风的吹拂一样无所不至，就如同老子对天地之源的体悟——“天下万物生于有，有生于无”，这如何了知？显然，这不是靠理性而是靠感性和悟性达到的。二是假借万物。要进入“逍遥”的境界，我们不得不借助于“物”，充分体会“物性”。比如，至柔而甘于下辱的水，宁静守一而长寿的龟，优哉游哉以水为家的鱼，乐于飞翔不受羁绊的雄鹰，等等。有时，从人本主义的角度看来，人的进化是一种进步，但从自然之道的角度观之，大自然的本性在人身上所留不多，而更多地保存在“物”上。于是向“物”学习，反观“物”性，就是人类寻找本源、避免异化、实现超脱的重要途径。三是从“我”的角度体悟，一切的感悟都必须发源于自己，从“己心”开始。有时我想，丰实空灵的心灵应是一个神秘的所在：它是放大镜可以远观，直达宇宙之外；它是显微镜可以透视，看到极其细微的质子；它是调适器可以变换，适应一切温度、湿度；它是大地可以担承，载起所有的苦难与屈辱；它是海绵可以饱吸，自然的生命尽收心里；它是大海可以容纳，不择细涓、不满不空，有容乃大；它是秋兽之毛尖可以辨识，一点微风也能感知；它是薄冰可以感悟，一缕阳光也会令其感动和消融。

当然，人的逍遥还不能只是在天空中驰骋，在梦境和仙地中陶醉，它还必须回到大地，回到尘埃之中。那就是尘埃落定，和光同尘。我们知道，飞翔的雄鹰总要落脚，畅游的鱼儿不能不附着于水草和泥沙，飞升的风筝离不开放飞人手中的丝线。人也是如此，一个逍遥的人离不开普通的百姓，离不开那些受苦受难的人。当郑板桥说“天下第一等人是农夫”，当林语堂说“天底下最伟大者是农民”，当托尔斯泰以锄代笔在大地这张“纸上”耕耘，我们看到的是他们对农民、对那些穷苦人的悲悯情怀。换言之，如果一个人没有共情之感，没有怜悯之心，没有仁慈之爱，那么，他是很难逍遥的，即使表现出逍遥的姿态，我想那也是一种肤浅无根的矫揉造作。我又想，真正的逍遥者不是那些盲目的乐观者与开心人，而是那些从生活、人生、自然和生命中真正体悟到“悲剧性”的人。是的，在茫茫天宇中，人是那样微小而不足道，他的生命在永恒的宇宙中又能够算得了什么？与天地自然相比，寿命不过百岁的人与朝生暮死、春生秋亡的菌虫又有何异？正是对这种短暂生命的感知，那些有着大智大慧的人才能超脱于世，以自由的心态去体悟人生和自然之道，如老子、庄子、陶渊明、李白、徐霞客等人那样。

朋友诸君，从根本的意义上说，我们都是同类，都是有缘在脚下这个星球上生活的人，我愿与你们同行，我愿与你们携手同飞，进入美好的自由的精神国度。

难得糊涂

——愚笨拙朴中的聪明智慧

我们知道，人作为一个个体，他不可能单独存活在这个世界上。就如同网中的蜘蛛，每个人都生活在一张硕大无朋的“网”中，生活在复杂的关系里。从小处说，人要面对家庭；从大处说，人离不开社会关系；从更大处说，人不可能扯着自己的头发离开地球，离开我们生活的宇宙。就好像孙悟空再有本领也跳不出如来佛的手掌一样，人总是先验地被这个世界上的人人事事包裹着、束缚着。

人类的伟大之处就在于，自诞生以来，他从未间断过对这个世界和宇宙的探索。人类的历史，实际上就是人类用自己的聪明才智克服重重困难，不断寻找最佳生活方式的历史。面对人类的文明、进步与发展，哲人们发出这样的感叹：人是多么神圣与伟大啊！他是天地玉成的精华，是大自然的精灵和主宰。

对比原始初民，今天的人类创造了一个又一个奇迹：火药的发明、电的发现、印刷术与电脑的创造，互联网与信息技术的飞跃，都给人类带来了光明，并为之插上了翅膀。人类似乎变得越来越聪明了，同时也形成了这样一种假象：人无所不能，无所不知；人可以与人斗，可以与地斗，也可以与天斗。世上无难事，只要肯登攀。

但是，在这个世界上，有的事人能够做到，有的事人却难以做到。这就是中国那句古话：谋事在人，成事在天。如果人过于依恃自己的聪明，则极容易聪明反被聪明误，这种聪明就会成为一种糊涂。相反，有时，糊涂一点，反而是一种聪明与智慧，甚而至于是一种大聪明和大智慧。还是中国的一句千古名训：大智若愚。

清代画家郑板桥曾说："聪明难，糊涂难，由聪明转入糊涂更难。"这句话的意思是说：一个人要做到聪明非常困难，一个人要做到糊涂也非常困难，而一个人由聪明升华到糊涂更是困难。可见，对比聪明，糊涂是更高层次的聪明。因为，这种糊涂不是真糊涂，而是不露痕迹的聪明。在复杂的世界中，一个人如果能用糊涂的方式去生存，那他就能够避免很多缠绕，达到一种逍遥的境界。

一　愚公移山

中国先民是聪颖的，他们为世界创造出无数奇迹，"四大发明"就是其中最引人注目者。但另一方面，中国文化又有"愚拙"的历史传统，这主要突出表现在古代的神话传说和寓言故事中，比如"愚公移山""精卫填海""笨鸟先飞"和"龟兔赛跑”等即深含着“愚笨”和“聪明”之辩证关系。“愚笨”有时往往内含着深刻的智慧。

“愚公移山”的故事就是如此，用今天的眼光来看，愚公一家的作为确实太愚蠢了，是死脑筋。现代人会不假思索提出一个对策：愚公为什么不搬到门前无山的地方生活呢？一般说来，这一做法比愚公移山不知要聪明多少倍。但现代人可能忘记了“愚公移山”是个寓言，在其糊涂的表面下包含着大智慧。这就是一心一意、心无旁骛的执着精神。现代人的失败往往不是不聪明，而是太聪明；不是没有主意，而是主意太多，甚至一天一个主意，一天几个主意；不是缺乏“动”，而是“动”多“静”少。正因为被五光十色的世界包裹，自己的内心又缺乏定力，结果身陷各种各样的纠缠之中不能解脱，而至于一事无成，要逍遥地超脱就更不可能了。

愚公的做法是辛苦的，但这是累其身，而不累其心。愚公不为别人的意见所干扰，与家人一心一意从事自己的伟大事业，心灵与精神处于自由状态，这种生存方式是大聪明大智慧，是一种逍遥的内在表现方式。

其实，这种愚公精神即使在今天也不失为一种大智大慧，如果人们能得其精髓、取其精妙，活而用之，肯定会使自己的人生充实、自由、逍遥、自适。那真是有如拨乌云而见朝日，远萤光而就日月。

在今天，较为人们苦恼的事情之一可能就是事业的选择与成败。竞争的激烈、金钱的崇拜、生活的变幻、信息的更新、欲望的膨胀，等等，都让现代人无所适从。一些聪明人对此争先恐后，千方百计，无所不用其极。结果贪多嚼不烂，事业不成，心如沸水，苦恼无限，人生愁多。而有些人则相反，他们心无旁骛，专心致志，干一行爱一行，结果功夫不负有心人，最后事业都有所成。即使是那些愚笨之人，矢志不移，十年磨一剑，最后也尝到了“宝剑锋从磨砺出，梅花香自苦寒来”的滋味。更重要的是，因为专注一事，就少了社会环境、人际关系的无谓干扰，更多了一份内心的宁静、充实与自由。

唐代书法家怀素就是一位“愚公移山”式的人物，他与那些投机取巧、玩弄聪明的书法家不同，靠勤学苦练的笨功夫练习书法。当他发现芭蕉叶子可以学书时，就在寺院周围种上万株芭蕉，甚至还在盘子、方板上写字，乃至将板写穿；被他写废的笔堆埋在山下，名为“笔冢”。怀素靠这种日日练习、写尽万棵芭蕉树叶的精神成就了独步天下的书法艺术。时人称其书势：“若惊蛇走虺，骤雨狂风。”

人处在社会中，就如身缠乱麻，纠缠不清。是朋是友，是仇是敌，往往更是令人费尽心机。有的人朋友遍及天下，结果到了关键时刻，无一可用；有的人视敌为友，结果引狼入室；还有人平时无甚知心之友，到生死关头，却有素昧平生者舍身相救。其实，如果理解了愚公精神，交友一如搬山：淡乎应酬，真诚至上。古人云：“物以类聚，人以群分。”是友不需虚文，一见可以如故，相距迢迢，一生不见，亦如人之心手，血肉关联，气脉相通；是敌即使日日厮守、顿顿酒肉，到时候，仍然是落井下石，卖友求荣。理解了这一点，以“真诚”二字为先，不落虚套，不饰浮言阿语，处处显出本真，关键之时，敌友如水落石出，昭然若揭；又如春夏秋冬，冷暖自知。

恋爱、婚姻亦何尝不是如此？“精诚所至，金石为开”，这是男欢女爱、家庭幸福的根本法则。有的书宣扬说，男女双方就如交战一般，要用计用策，使奸使术，我想，这是太看重技艺了。其实，“术”可谋一时，不可维系长久，而只有“道”——真诚，方可使爱与家庭固若金汤，幸福之河不干，生命之水长流不息。

著名作家林语堂曾翻译过一本马尔腾先生的《成功之路》，书中有一篇文章谈到，在为老板工作的职员中，真正的聪明者不是那些偷懒耍滑、节省气力者，而是那些全力以赴、拼命工作者，即那些“糊涂人”。因为，为老板努力工作不仅可以获得老板的好感，可以得到加薪，更重要的是，工作是建造你品性和人格的学校。在这个过程中，可以训练才干，扩张精神，发达智力。严格地说，那不是为老板工作，而是为你自己。何况，力气是会再生的，力气不会因为你的付出而有所减损。作者进一步说：“世界上最卑小的人，就是那只为了薪水而工作的人。”① 所以，站在“愚公精神”上来看，当你为老板全力以赴工作时，看似愚蠢、糊涂，其实是聪明与智慧的表现。林语堂曾自作一首诗说：“愚者有智慧，缓者有雅致，钝者有机巧，隐者有益处。”这里充分表达了他大智若愚的思想观念。

中国还有这样的话：“只管低头拉车，不顾抬头看路”，

---

①（美）罗杰·马尔腾著，林语堂译：《成功之路》，第 42 页，《林语堂名著全集》第二十八卷，东北师范大学出版社，1994 年版。

“两耳不闻窗外事，一心只读圣贤书”。一般来说，对如此做事者，现在的人们恐怕多会发出嗤笑声，表示不可理解。因为在商品经济大潮中，疯子和傻子才会是这样。在我看来，这两句话却颇有深意，它内含着“愚公移山”的精神。这种精神能够摈弃路上的风光美景、鸟语花香，能够排除窗外的喧嚣与浮华，而专心于自己的事业。作为拉车者，他的本分就是“拉”，只有全力以赴地“拉”才能做得更好。对于读书者来说更是如此——放弃耳朵的功能，切断与窗外声音沟通的通道，让自己完全沉醉在书中，方有可能领会其中的精神。这看似愚蠢的举止，其实却包含了一个真理：真正能够成事者往往不是那些使巧玩计者，而是那些肯干苦干的“傻子”。金庸武侠小说中的郭靖就是这么一个傻干者形象。对比许多聪明透顶者，郭靖是相当笨拙的，他的几位师傅都拿他没有办法，认为他简直不适合学武。郭靖也承认自己的笨拙，但他不分昼夜，废寝忘食，刻苦磨砺，有时一招一式也反复练习。郭靖的四师傅就教导他说：“天下无难事，只怕有心人。”正是靠这种一心一意，郭靖才打下坚实的武学功底。一个不肯下死功夫的学武之人，他的招式再独到，再变幻，也没有多大的威力。更重要的是，郭靖表面呆笨，而内里沉稳，性不喜躁而爱静。后来，道士授以内定之法，使郭靖表现出惊人的定力。道士传郭靖四句话：“思定则情忘，体虚则气运，心死则神活，阳盛则阴消。”接着又向郭靖传授了呼吸运气和静坐敛虑之法：“睡觉之前，必须脑中空明澄澈，没一丝思虑。然后敛身侧卧，鼻息绵绵，魂不内荡，神不外游。”靠着这种定力，郭靖终于学成了天下独步的武功，一招一式都有排山倒海的威力。所以，在常人看来，郭靖外表愚蠢笨拙，不是学武之相；而在独具慧眼者看来，郭靖的愚笨是表象，其实他是大智若愚，堪成大器之才。

郗鉴择王羲之为婿这个故事也能够说明大智若愚的道理。东晋时，当朝丞相郗鉴要从王羲之众兄弟中选一人为女婿，他就派自己的学生去王家看一看，王家子弟在干些什么，然后向他汇报。这个学生来到王家，王家子弟知其来意，表现出极大的热情，争着表现自己，而唯独王羲之头不抬、眼不睁，横卧床上，袒胸敞怀，一卷在手，乐在其中。这个学生回来说，王家子弟个个俊才、人人风流，而唯有一人愚蠢笨傻。然而，有趣的是，郗鉴放着那些风流倜傥的子弟不选，却偏偏选中了王羲之，因为郗鉴有他的理由："成大事者必王羲之也。"结果郗氏慧眼识珠，王羲之后来真的成为中国书法大家，人称"书圣"。

这就牵扯到选拔人才的问题。伯乐识得千里马，并不是靠外表，因为千里马在拉车驮物上很可能不如常马。中国人常说的"人不可貌相，海不可斗量"，也是此理。选人往往也是多看重其聪明，而不是重其宅府笃厚。有的家长对孩子的看法也是如此：聪明则喜，愚拙则不喜。其实，真正能成大器者往往是这些表面愚笨而有慧根者，而过早显现出绝顶聪明者大多是昙花一现。《伤仲永》一文说的就是一个"聪明反被聪明误"的例子。

"愚公移山"给我们更重要的启示可能是：人需要一种外表看来愚傻笨拙但内里却矢志不移的精神，这是一个人学有所成、超凡脱俗、逍遥自适的重要前提。就如同一棵树，当春夏离去秋冬到来，人们都躲进暖室，它却脱去衣装，披星戴月，站在天地之间，领略与承受严寒。人生在这个世界上，多数人都疲于奔忙，无所休止，而树却根植一地，一面昂首向上生长，一面将根深入大地，不断地为人类造福，其根本是坚守，特长是定力，精神是闲适逍遥。

二　退一步海阔天空

每个人在生活中可能都面临着这样一个困惑：应该怎样处理名与利、得与失？对有的人来说，重名重利，凡有名利则志在必得，甚至为达到目的而不择手段。结果，这种人不是事与愿违、一无所得，就是得之者少而失之者多。对另一类人来说，淡于名利，遇到名利则向后退一步，遇到受累吃亏的事情则前进一步。这类人往往福星高照，事事如愿，所得甚多。中国那句名言说得好：退一步海阔天空。

我这里主要不是倡导“退一步”的策略性，不是让人为了功利的目的都艺术地去“退一步”，而是想谈谈“退一步海阔天空”这一命题所包含的逍遥精神。如果一个人能够淡化甚至泯灭“吃亏”与“不吃亏”的界限，能够将“退一步”看成一种自然而然的事情，那么他就会正确处理名利与得失，就会从家庭、社会与人生的困境中解脱出来，过上一种无拘无束的超然生活。

“退一步”简单说来有两种表现形态：一是“进”，一是“退”。所谓“进”的“退一步”，就是遇到别人都不愿意做而纷纷逃脱的事情，但这件事情对社会、对百姓有益，那么，自己就应该争着去做。所谓“退”的“退一步”则是指遇到名利、不顺心的事要退一步，不可强争。列子与常人不同，他认为自己不能先于别人而饮，也不能被拉去当官，他不能占人便宜，而宁愿自己吃亏，这才是“福”之所在。看来，对一个真正聪明的人来说，遇名而退，隐而无名，这就是一种逍遥。

越国的范蠡在功成名就时退隐而去，临行时，范蠡给大夫文种写了一封信说：“飞鸟尽，良弓藏；狡兔死，走狗烹。”他还说：越王脖子长，嘴如鸟喙，可与他同患难，但不可与之同享荣华。你为什么不离开他？文种看了信，称病不朝。有人污蔑文种谋反作乱，越王就赐文种一把剑，让他自杀了。与文种相反，范蠡退隐后，更名改姓，“耕于海畔，苦身戮力，父子治产。居无几何，致产数十万”①。到后来，齐人让范蠡为相，范归还相印，将家产散尽，又逃走了。从中可见退一步即可逍遥，如范蠡；名高不退，则少有不亡者，如文种。范蠡不为名所囿，丢弃自己经过千辛万苦得来的功名利禄，如鱼归大海一样回到大自然中去，这看似愚蠢，实则比文种明智深远得多了。

汉代的张良也是一个能够隐名而退的智者。张良为刘邦取得天下立下了汗马功劳。在常人看来，戎马生涯过后，张良应该享尽荣华，而他却离开了官场，隐居世外，这是多么吃亏的事啊！而张良则深知，自己的名气越大，危险也就越大。因此，名气对他来说并不意味着“福”，而是“祸”。正是从此意义上说，张良的“无名”“藏名”“匿名”表面是吃亏，实际则是福祉。与张良形成鲜明对照的是韩信。这位国之功臣，因为没有接受智者“隐名藏名”的劝告，结果被萧何等以莫须有的罪名陷害致死，

① 司马迁：《史记·越王勾践世家第十一》，中华书局，1989年版。

一代英豪贪图富贵荣华，不知“退一步”之理，结果吃了大亏。这就是韩信与张良之间“进一步”和“退一步”的区别，也是真正的愚智之别。

直至今日，人们仍然不能挣脱“名”的束缚。为了成名，或投身，或包装，或购买，或骂人，或互捧，其态虽异，但都是为一个“名”字。有趣的是，有的人一旦成名就难以自持，利用各种机会表现自己，唯恐自己的名气不大，几近跳梁丑角，令人感到可悲又好笑。如果与列子比较，就可以看出其境界之差别。表面看来，出名是一种荣耀，但常人不知，出名后对人性的束缚会更大，各式各样的束缚会随着“名”一起纷然而至。如此，人的个性就容易被掏空，人的自由就会像捆稻草一样被紧束起来。

“利”可能比“名”对人的吸引力更大，尤其在商品经济的大潮之下，人心唯利是图，认为金钱能使鬼推磨。人们在“利”上简直是寸土必争，一毫不让。谁肯吃亏，谁愿让出半步？殊不知，这正违背了“退一步海阔天空”的格言。

中国古代有不少重义轻利者，“人为财死，鸟为食亡”是对贪财轻命者的深刻讽刺。孔子就曾说：“君子喻于义，小人喻于利。”[①]意思是说，君子弃货利而晓仁义，而小人却弃仁义而逐货利。李白这位文学天才，也曾用浪漫的诗歌表达了轻财重义的理想，吟出了“千金散尽还复来”“钟鼓馔玉不足贵”和“五花马，千金裘，呼儿将出换美酒”这样视金钱如草芥的句子，成为君子“喻于义”而不“喻于利”的最为豪迈的宣言。

---

①《论语·里仁》，程树德撰、程俊英等校：《论语集释》，中华书局，1996年版。

中国古代著名的“君子让利”的故事，很值得人们细细品味。管子是著名的宰相，他少年时与鲍叔牙一起做买卖，因为鲍叔牙知道管子贤而贫，在分财时，从不与管子争多，总是甘愿吃亏，而且鲍叔牙屡荐管子，以身下之。所以管子说：“生我者父母，知我者鲍子也。”而鲍叔牙“子孙世禄于齐，有封邑者十余世”[①]。鲍叔牙享一生之厚福，且连及子子孙孙。司马迁说：“天下不多管仲之贤而多鲍叔能知人也。”假如鲍叔牙处处与管仲争利，不但会与管子失和，而且其境界难以提升，更难达到逍遥自适、从容不迫的境界。所以说，鲍叔牙可谓得道之人，宽容大度，了无挂怀，心无尘埃，一任自然，如天风浩荡，似日月映辉。

现实中的许多事情就错在争利上，朋友间重钱轻义，久而久之，朋友必越来越少，只剩下了孤家寡人。因为人之交往谁不重个“情”字、“义”字？酒肉朋友只是一时，知心朋友方是永久。从中国历史上看，凡是重义轻财者多是朋友云集，“桃李不言，下自成蹊”；而大凡轻义重财者多是孤家寡人，“门庭冷落车马稀”。比如，胡适作为中国新文学的先驱，他不仅学富五车，才高八斗，而且平易近人，疏财仗义，有求必应，朋友都直呼其“胡大哥”。当年林语堂在美国留学，曾一度经济十分拮据，不得不向胡适求援，希望胡适能向北大校方借两千美元以解燃眉之急。因为林语堂说好毕业后回北大任教。很快林语堂收到胡适汇来的两千美元。然而，当林语堂回国后向北大教务长蒋梦麟提起借钱之事时，他才得知，胡适根本没有向北大校方借钱，

① 司马迁：《史记·管晏列传第二》，中华书局，1989年版。

而是自己掏的腰包。更可贵的是，关于此事胡适对别人只字未提。这件事令林语堂非常感动，从中也可见胡适对钱的态度及其人品。可能与疏财仗义的性格有关，每逢节假日，胡适家中总是高朋满座、门庭若市。胡适一生的光荣很大程度是由于在“利”上自甘吃亏，愿意“退一步”，能够超越斤斤计较的社会风尚，落得个逍遥自在。

因为争利而家破人亡者也大有人在。《金瓶梅》中的王婆就是由于利欲熏心而杀人害命，最后也遭到了报应，没有好下场。巴尔扎克笔下的欧也妮·葛朗台和高老头的两个女儿也都是为“财”所迷。可以说，如果一个人被财、利迷了心窍，那么，他要超脱几乎是不可能的。

“气”也是中国文化中一个相当重要的概念。人有气，兽有气，草木有气，甚至天地也有气。可以说，有气则生，无气则死。也可能正因为如此，许多人往往争强使气，有时在一些小事上也互不相让，要一争高低。久而久之，竟至于两败俱伤。

如果为了根本的原则问题，矛盾的双方确实需要分胜负、争高下，甚至像刘邦、项羽争天下一样决一雌雄。但在现实生活中，有许多争执是毫无意义的，只为了一口气，结果弄得剑拔弩张、两败俱伤，这种谁也不肯退一步的做法，不仅不是聪明之举，而且是糊涂透顶。

中国古代有这样一个清官判案的故事。说的是两个邻居，他们平日也相安无事，但因为葫芦和坛子而发生争执，结果闹上了公堂。张三说，他栽的葫芦越墙后长到李四家的坛子里了，他要求将李四家的坛子打碎，取出自己的葫芦。李四说，碎坛取葫芦绝对不可，有本事就将葫芦拿出来，但前提是不能弄碎坛子。在公堂上，这位清官施以妙手，把一盆盐水倒进坛子，最后把泡皱了的浮起来的葫芦提了出来。这样，张三得到了葫芦，而李四的坛子完好无损。以往人们以此来说明清官的智慧，但在我看来，这个故事主要说明在无原则的一些小事上，有的人是怎样争强好胜、任情使气。在谁也不愿退一步的情况下，矛盾就会不断升级，有时甚至因无聊小事导致流血事件乃至危及性命。

最著名的例子是《三国演义》中诸葛亮“三气周瑜”和“骂死王朗”。周瑜虽然“长壮而有姿貌”，有风流潇洒、才华横溢的美誉，但气量却小得出奇。除了嫉妒诸葛亮的才华，发出了“既生亮，何生瑜”的感喟外，周瑜最致命的弱点即是任性使气。周瑜受了箭伤，医生告诫他切忌生气动火，否则性命不保。然而，周瑜却被诸葛亮一气再气，最后竟因计败而受辱，在“马上大叫一声，箭疮复裂，坠于马下”。王朗为堂堂大儒，且身居军师、司徒之位，却被诸葛亮一顿臭骂，无言以对，只得“气满胸膛，大叫一声，撞死于马下”。而相反，曹操与司马懿却有着“宰相肚里能撑船”的气量。面对陈琳在檄文里大骂曹操的列祖列宗，曹操不仅不以为意，反而用它治好了自己的头风病。后来，曹操捉住了陈琳，不但不记前仇，反而为己所用。为使司马懿出战，诸葛亮曾让人送来一封信，“取巾帼并妇人缟素之服，盛于大盒之内”，以此羞辱司马懿为“妇人”。司马懿接到送来的妇人衣服当然愤怒，但却笑着说：“孔明视我为妇人耶？”他收下衣服，并重赏了来使，结果挫败了孔明的计谋。看来“使气”与“忍气”事关重大，它不仅关涉国事、己身，更重要的是与能否逍遥有关。

值得一提的还有郑板桥劝说弟弟“退一步海阔天空”，消气息事，与邻居和好的故事。郑板桥的弟弟受到邻居的欺负，非要哥哥为他讨回公道不可。因为弟弟认为哥哥在外做官，办这件事还不是轻而易举？哪知道，郑板桥不但没有依弟弟的意思去做，反而写给弟弟一封信，劝弟弟不可因小事与邻居争气，让人一码又何妨？弟弟觉得哥哥言之有理，就照办了。有趣的是，邻里知道郑板桥的气度后，主动与郑板桥的弟弟和好，两家因此未经官司就解决了纠纷。

中国古代类似的例子还有不少，如担夫争道，互不相让。金庸在《天龙八部》中写过风波恶与农夫在独木桥上争道的故事：一个是武林高手，一向逞强好事，宁死也要与人拼斗；一个是挑大粪的农夫，也执拗得厉害。这个故事中二人只为一件小事而互不让路，双方竟能对着耗上一个更次，可见争强好胜是多么无聊。连当时远远旁观的乔峰也暗自思量：“这黑衣汉子的脾气当真古怪，退后几步，让他一让，也就是了，和这个挑着粪担子的乡下人面对面地干耗，有什么滋味？”到后来，担夫竟然向风波恶身上泼大粪，多亏风波恶没有与担夫一般见识，否则担夫一定性命难保。如果担夫真的因为不让路而身亡，那岂不是太不值得了吗？

在中国文化中，争气斗勇这种心态有时是非常可怕的，它缺乏一种谦让、容忍、通融与包容精神，丢了西瓜，拾了芝麻。如果再深一层想，这种心态与中国文化的“争论情结”是一脉相承的。试想，周瑜斗气、王朗争胜，与张三、李四为了葫芦和坛子的争胜没有本质区别。如果他们能像曹操、司马懿等人那样退一步，不是海阔天空吗？

中国的家庭往往是一个是非之地，千头百绪、矛盾丛生，夫妻之间、婆媳之间、父子之间、兄弟之间常常处于大大小小的“战争”状态。人们常常因为一件小事大动肝火，甚至大动干戈。林语堂曾说，在中国的大家庭中，之所以能形成和和美美的气氛，就是因为有两个字“忍让”，大家凡事后退一步，人人都有路走。其实，在小家庭中也是这样，因为任何人都是一个矛盾体，而两个人以上又构成更大的矛盾体，所以，在中国家庭中发生矛盾是正常的，关键是相互沟通、理解和求同去异。这样，家庭中的每个人才不至于被矛盾淹没。

老子这位中国怪才曾说过：“名与身孰亲？身与货孰多？得与亡孰病？甚爱必大费，多藏必厚亡。”[①]这句话是说：名誉与生命哪一个可爱？生命与财货哪一个重要？得与失哪一个是祸害？过于吝惜一定所费最大，过于珍存必然失去更多。很明显，在老子看来，名、财、得都是身外之物，远没有人的生命本身珍贵，如果不顾人的本身，而一味追求名誉、金钱等外在的东西，到头来一定失去得更多，甚至有可能为此付出珍贵的生命。

人们只知道“进”，只知道“得”，而不顾前面的路途是宽阔还是狭窄，即使一座独木桥也蜂拥而上。这极像在胡同里赛跑，又很像在钢丝或者在刀刃上行走，其后果可想而知。这都是由于表面的聪明造成的。事实上，“欲速则不达”，只有欲进

① 《道德经》第四十四，《诸子集成》；上海书店，1994 年版。

先退、以柔克刚，才会摆脱困境、绝境，进入一个更为广阔的天地。就如同水，它不追高，一心向下，不择地而行，任其自然，这样，水就可以流向广阔浩瀚的大海。所以“退一步海阔天空”，这才是内在的智慧。

三　半半哲学

在以西方文化为车头的商品社会里，竞争、拼搏、奋斗等字眼使人感到一种强烈甚至颇为残酷的气息，人们似乎在比赛谁最聪明，谁跑得更快，谁所获最多。也正因此，出现了各式各样的竞技、评比、考试，比如争着进世界富豪前五十人，围棋、拳击等各种高奖金的赛事，原子弹的生产与数量的日益增多，克隆动物的出现，电子产品更新换代的速度，等等。人们似乎进入了一个失控的“场”里，仿佛坐在一列无人驾驶的高速火车上，越跑越快，危险至极。可以说，整个世界都陷入了一个怪圈、一座迷宫，过于追求外在的东西，而将丰富的人生忽略了。人生当然需要物质上的极大丰富、生活上的舒服适意，甚至是竞技所带来的刺激，但人更需要安全、平和、充实和饱满的精神，需要一种内在的幸福感。生活是一种态度，是一门艺术，是一种哲学，其中包含着深刻的辩证关系。

如果今天有人倡导“半半”的生活态度，反对大福、大富、大成、大贵的生活追求，肯定会被人视为愚不可及，甚至被认为是矫情。如今是什么年代了，谁不认为钱越多越好，名气越大越好，权力越大越好，房子越多越宽越好，美食越多越精越好，用度越华越奢越好？这就是所谓“韩信将兵，多多益善”。然而，古人云“人无远虑，必有近忧”，这种穷淫奢华的生活追求表面看来是聪明人的明智之举，实际上潜藏着非常大的危险，而这种危险一旦发生，那真是如江河倒悬，不可收拾。认识到这一点，就容易理解追求“盈满”的危险性，转而试图确立一种新的人生追求，即“半半哲学”。

所谓“半半哲学”，就是既不追求高不可及，也不甘于生活在社会的底层，而是取“中庸”的态度，处处以适中、以和为好。这种半半生活态度可表现在许多方面：上与下，左与右，前与后，大与小，多与少，厚与薄，阴与阳，刚与柔，快与慢，强与弱，富与贫，贵与贱，成与败，高与低，等等。需要说明的是，这种“半半哲学”并不能简单地理解为一半一半，而是一种界限，一种和谐。矛盾的双方具有双向的互动关系。如果处于“半半”的状态，则人的心情易静而安，不会大起大落。

老子对“半半哲学”之道颇有探究，他说：“天之道，损有余而补不足。”[①]就是说，天道，总是让有余的人受损而补充那些不满足者。这里老子向世人警示说，追求盈满的人要注意，过盈过满必会走向亏和空，所以不可无限度地不满足。老子还说：“孰能浊以止，静之徐清？孰能安以久，动之徐生？保此道者不欲盈，夫唯不盈，故能蔽而新成。”[②]这段话的意思是说：谁能使混浊沉淀下来，慢慢澄清？谁能使安静动起来，慢慢显出

① 《道德经》第七十七，《诸子集成》，上海书店，1994 年版。
② 《道德经》第十五，《诸子集成》，上海书店，1994 年版。

生机？葆有此道的人不追求盈满，正因为不满，所以能够去故更新。可见，在老子看来，清与浊、安与动、亏与盈、空与满是辩证统一的，不可偏废。老子又说："持而盈之，不如其已；揣而锐之，不可长保；金玉满堂，莫之能守。富贵而骄，自遗其咎。"①这段话意思是：握得满满的，不如放下为好；捶尖打磨得锋利，不能长久；大富大贵之家，没有能够守得住的，因为富贵之人往往骄而自得，必然自取其祸。在老子看来，满而溢，刚而折，骄而败，富而咎，这是天道，所以他告诫人们不可贪婪不知满足，而应该慎之又慎！

孔子信奉的是"中庸之道"，这与老子比较接近。只是老子偏于从自然之"道"的角度来谈盈亏之理，而孔子多从社会、道德和人伦的方面来阐述中庸。在《中庸》一书中，记录了孔子关于中庸的论述。

孔子这样说："喜怒哀乐之未发，谓之中；发而皆中节，谓之和。中也者，天下之大本也；和也者，天下之达道也。致中和，天地位焉，万物育焉。"②意思是有喜怒哀乐之情而未表现出来，这叫作"中"；感情表达时合乎节度，这称作"和"。"中"是天下事物的根本，"和"是天下遵循的通则。如果人们能达到中和的境界，那么，天地间的一切就会各得其所，万物也会各遂其生了。这里，孔子详细地论述了"中和"的内涵。

孔子又说过："中庸其至矣乎！民鲜能久矣。"意思是说：

---

① 《道德经》第九，《诸子集成》，上海书店，1994 年版。

② 《论语》，《诸子集成》，上海书店，1994 年版。

中庸的道理，真是达到了至高无上的境界了！然而一般人很少能做到这一点。看来，孔子对“中庸”的评价甚高，几乎没有什么东西能够超过它。

之所以没有多少人能够实行“中庸之道”，在孔子看来，主要是因为“知者过之，愚者不及也”。就是说：聪明的人过于聪明，认为它不值得去实行，而愚蠢的人又理解不了。这就造成了“中庸之道”缺乏社会基础，难以推广实行。

孔子还将“君子”“小人”与“中庸之道”联系起来，指出：“君子中庸，小人反中庸。君子之中庸也，君子而时中；小人之（反）中庸也，小人而无忌惮也。”这句话的意思是：君子的所作所为都合乎中庸之道，而小人的所作所为都违反中庸之道。君子所以能合乎中庸之道，是因为君子能时时居于中，不过亦无不及；而小人所以违背中庸之道，是因为小人肆无忌惮，不知也不遵循中庸的道理。看来，孔子也深知“中庸之道”不是谁都能明白的，也不是常人能做到的，只有那些有修养的君子才能够坚守。另外，在中国人的心目中，所谓“中国”，除了地理方位居中之外，还包含着某种伦理原则和生活方式上的意义，就是说，中国乃是处处取“中庸”态度的国家。

据传，上古时的舜帝就是一个善于遵循“中庸之道”的智者，他喜欢听取别人的意见，又能加以审度，扬其善，隐其恶，取其中，而施行于民，从而使天下化而治之。为政者运用“半半哲学”，采用“中庸之道”，就可以处于无为而治的自由境地，避免过于专制、过于偏激、过于依恃，表面看似愚拙，内里却实在是一种智慧。

“半半哲学”更重要的表现为一种人生态度，一种生活的艺术，它是以其外表愚拙朴质而内里大智大慧为特征的。清人李密庵曾作《半半歌》，谈他的中庸哲学，完整概括和生动表达了他“半半”的哲学理想：

看破浮生过半，半之受用无边。半中岁月尽幽闲，半里乾坤宽展。半郭半乡村舍，半山半水田园。半耕半读半经廛，半士半民姻眷。半雅半粗器具，半华半实庭轩。衾裳半素半轻鲜，肴馔半丰半俭。童仆半能半拙，妻儿半朴半贤。心情半佛半神仙，姓字半藏半显。一半还之天地，让将一半人间。半思后代与沧田，半想阎罗怎见。酒饮半酣正好，花开半时偏妍。帆张半扇免翻颠，马放半缰稳便。半少却饶滋味，半多反厌纠缠。百年苦乐半相参，会占便宜只半。

这首《半半歌》是对中庸哲学的形象阐释，它将天地、人生的种种现象与关系描绘得有声有色，一展无余，在对天地万物的悲悯中又有着达观超然的人间情怀。若没有对世界人生的本质性理解，如何能深刻、透彻以至于此？作者真是妙笔生花，他将天地人间的冷暖、得失、出入、是非、进退、乐悲等都和盘托出，表现出大智若愚的境界与品位。

中国古代较完整提出“半半哲学”的是孔子的孙子子思，他以“中庸”确定了万事适“中”的伦理原则和生活方式。而陶渊明则是“半半哲学”的最好实践者。他去官归隐，过上了优哉游哉的快乐生活。在他的心目中，大富大贵和有权有势的人不一定过得自由和快乐，而不高不低、平平淡淡的生活才是真实可靠的。还有《浮生六记》的作者沈复和他的妻子陈芸，他们居衣冠之门，却不重钱、不重权，而是追求“半半哲学”的人生观，用陈芸自己的话说就是“布衣菜饭，可乐终身”。因为他们相信，淳朴恬退而自甘的生活是宇宙间最美好的。著名作家林语堂很有慧根，他在八岁时写了一本“教科书”，一页是课文，一页是插图，“文句是：人自高，终必败。持战甲，靠弓矢。而不知，他人强。他人力，千百倍”[①]。这是林氏“半半哲学”思想的萌芽。显然，在林语堂看来，满盈不是好事，“人自高，终必败”。

林语堂倡导既要努力工作又要尽情享受，这种生活观念明显是中庸的。一般人总是将工作和享受分离开来，认为工作是辛劳，享受是舒服。而林语堂则将工作与享受理解为既对立又统一的矛盾的两个方面，他说过：“人生永有两个方面，工作与消遣，事业与游戏，应酬与燕居，守礼与陶情，拘泥与放逸，谨慎与潇洒。其原因在于人之心灵总是一张一弛，若海之有潮汐，音之有节奏，天之有晴雨，时之有寒暑，日之有晦明。宇宙之生律无不基于此循环起伏之理，所以生活是富有曲线的。”基于此，他既反对拼命工作忽略享乐的人生态度，又批评拼命享乐不爱工作的生活方式，而主张二者和谐为一。他还说过：“我主张‘尽力工作尽情作乐的人’，英文 work hard，play hard 四字，这样才得生活之调剂，无意中得不少收获。”林语堂一生即是这一生活准则较好的践行者。当然，物质和精神享受这二者是密不可分的，林语堂使二者相得益彰，他充分地享受着这种“中庸”的人

① 林语堂：《八十自叙》，第 15 页，北京宝文堂书店，1991 年版。

生。他把工作与享受看成人生之双翼，缺一不可。

林语堂是这样表达其信奉的“半半哲学”生活理想的。他说：“我们承认世间非有几个超人——改变历史进化的探险家、征服者、大发明家、大总统、英雄——不可，但是最快乐的人还是那个中等阶级者，所赚的钱足以维持独立的生活，曾替人群做过一点点事情，可是不多；在社会上稍具名誉，可是不太显著。只有在这种环境之下，名字半隐半显，经济适度宽裕，生活逍遥自在，而不完全无忧无虑的那个时候，人类的精神才是最快乐的，才是最成功的。”①

林语堂是现代中国文化界“半半哲学”较为典型的代表者之一，他不仅在理论上不遗余力地倡导，而且在实践上也将之作为座右铭。“半半哲学”是解开林语堂秘密的一把钥匙，如是观之，林语堂的人生矛盾就可以慢慢得到厘清。也正是靠“半半哲学”，使他在20世纪中国复杂的社会及人际关系中从容自如，逍遥自适，以一种儒道互补的方式去生活。

今天，人们越来越追求表面的东西，他们往往简单地理解矛盾的两个方面。对成功、富贵、权力等，总是期望达到顶峰，人人在我脚下才好，而对空虚、失败、贫穷、低下等，则唯恐降临于己身。他们处高位还不自足，处低位却一蹶不振。这两个极端都不会使人安宁和快乐，并且，对高者言，他们难以守成，很快会转入低下；而对低者言，他们欲速不达，永难成功。这就造成一种“失败情绪”，成也败，败亦败，一切都在不安与失意之中。

① 林语堂：《生活的艺术》，第92页，北方文艺出版社，1987年版。

我想，在当今这个瞬息万变的时代，谁能超越“追高”“求盈”“喜满”的所谓“聪明”之举，而能以“半半哲学”这种看似糊涂实则明智的方式去生活，那么，他就会获得成功。这一成功不仅仅指物质层面，也是精神上的。他会超越一切束缚和羁绊，而成为一个自由的人，一个幸福的人。

四　与物等量齐观

从人类的成长过程来看，我们走过了十分漫长的进化之路。换言之，人经过漫漫长夜，终于脱离了动物的原始性而进入了高级的发展阶段。今天，人类以难以想象的智慧，不仅改变了自身的生存状态，同时也改变了其他植物、动物，甚至改变了我们生存的地球。但是，就如同人的长大意味着成熟，也意味着被遮蔽一样，人类今天的成就也是以其丧失为前提的。比如，人离开了森林，从树上来到地面上，双腿可以站立行走，大脑高度发达起来，但今天的人类却不能如猿人那样在树上行走如飞，更难以适应森林艰苦的生活环境。人类进化后，再也没有猿人那一身长毛，而不得不靠衣服、火和热量去取暖，等等。所以，在某种程度上说，人类与大自然其他物种越来越远的分化过程，其实也是一个不断被异化的过程。也可以这样说，人的发展越来越背离大自然的规律与法则。

从此意义上说，现代人越来越偏离自然法则，而走向了异化之路。今天，人类的“智慧”是具有极大遮蔽性的，它的聪明只是外在化的、靠不住的。这在中西方哲人的文化批判中可以得到证明。而相反，在其他物种（包括植物、动物）身上，却蕴含着自然的法则，人类可以从中获得某些启发和感悟。也就是说，人必须把自己“与物等量齐观”。这看来是愚蠢糊涂的做法，其实有着深刻的理论基点，是一种大彻大悟。

老庄的哲学基础就是自然法则。他们都认为，在天地之间有一个无所不在的“道”，而自然万物都是在这个“道”下生化的产物。所以，老子说：“道生一，一生二，二生三，三生万物。”[①]老子与庄子就是从自然万物中体验“道”的。

老子又提出：“天下莫柔弱于水，而攻坚强者莫之能胜，以其无以易之。”[②]意思是说：天下没有什么东西比水还柔弱，但任何攻坚克强的东西都不能胜过它，因为世上没有别的东西可替代它，也没有别的东西可以与它相比。由此，老子总结出“柔弱胜刚强”的道理。老子还说：“上善若水，水善利万物而不争，处众人之所恶，故几于道。”[③]意思是说：合于道体的人就好像水，水对万物有利而不与物争竞。它愿意处在人们厌恶的卑下之地，所以最接近道。还有大海，老子认为它之所以能为百谷之王，就是因为它心胸开阔、甘为下者。这就是“空穴来风”“有容乃大”。琴瑟鼓笛之所以能够发出美妙的声音，就是因为它们有“容”。如果人能够从水中受启发，向水看齐，那么，一定会虚其心、去其强，甘为人下，为而不争，进入一个更高的自由境界。

---

①《道德经》第四十二，《诸子集成》，上海书店，1994年版。

②《道德经》第七十八，《诸子集成》，上海书店，1994年版。

③《道德经》第八，《诸子集成》，上海书店，1994年版。

庄子是最善于观察万物的，他的许多“道”都得之于物性。比如惠子曾告诉庄子说，魏王送给他大葫芦的种子，他种下后长出一个大葫芦，这葫芦容积竟有五石。可是令他为难的是，葫芦不能盛水，因为承受不了那样的重量；割开它当瓢，又没有地方放，于是他就将这个虚空无用的东西击碎了。庄子则告诉惠子说大葫芦另有用处，如果将大葫芦用绳子捆起来当做船而在江湖中畅游，这不是不用之用吗？庄子还为惠子解决了另一难题。惠子说，有一棵大臭椿树，又高又粗，木质粗劣松软。因为无用，道路上的匠人对它熟视无睹，所以，这棵树总是立在那里。庄子则说，正因为无用，这样一棵大树才得以存活下来，否则它早就被砍伐了。既然无用，那为什么不将它种在“无何有之乡，广莫之野”，让人可以在它身边闲步，在它下面睡卧，逍遥自在呢？庄子深信，无用之用的价值，那才是超然物外、不受缚累的。然而，现实中的人类是怎样做的呢？挖空心思，百般钻营，不被用者或不被重用者则感叹自己生不逢时、大材小用。所以，在中国历史上，一方面有“先天下之忧而忧，后天下之乐而乐”“天下兴亡，匹夫有责”的仁人志士，一方面还有甘心为奴，当“吹鼓手”，做“帮闲”的人。他们正是鲁迅说的“暂时做稳了奴隶”者或“想做奴隶而不得”者。试想，又有多少人能超然物外，或泛舟于江湖，或逍遥睡卧于“无何有之乡”？当然，逍遥并非一定是脱离尘俗，如果出世而有负累则仍未能做到真正的逍遥，当然在俗世中保持心的宽敞裕余，则需要更高的境界。

前文说到树的根性和定力，如果能了解“树性”，那么，人就会明智起来，去掉无谓的应酬与奔忙，守静为一，求厚去薄，韬光养晦。除此，树还有其他的“性”，比如，我们常常看到一树两枝或数枝同时生长，它们颇似一母生有二胎、多胎的情形。有趣的是，同根数枝，它们竟能长得平衡，如出一辙，共同承受光泽和雨水，共同分担风雨和严寒。可见树可能比人更近于“道”，更有性情。一母同胞兄弟之间少有和平相处、同荣华同贫贱者，在此，人反不如树。曹丕逼迫曹植作的七步诗是人性异化的最好注解。本来，一母同胞兄弟与一树数枝在本性上无多大差别，但因为有了权力、有了智慧，就有了争斗与残杀，这是人性的异化。或许有人会说，将树与人等量齐观是愚蠢的，这里正反映了人的自大与无知。猛虎不食子，而有的人却“食”其子。人有伟大的一面，但也有微小的一面。就后者言之，人不能如鸟一样在天上自由飞翔，也不能像鱼类那样入水自由畅游，还不能如蚯蚓一般在地下自由生活，他甚至远不如一块石头坚定，远不如石头的生命长久。

人类常常嘲笑龟动作缓慢，这是基于“追快”观念产生的想法。如果反过来，用“慢”的标准来衡量，则人远不如龟。人有什么理由将“快”作为判别优劣的标准？也许正是“慢”才深藏着大智若愚的智慧，一种在宁静中体会的深长韵味。一个在不断奔跑中的人会有思想和体悟吗？从某种意义上说，人生最重要的不是去比赛、去奔波，而是充分体验自然、社会与人生世相，即好好地活着，活在自己的内心里。如果站在生命的角度看，一只龟可活千年，甚至更长时间，这就是中国那句老话“千年的王八，万年的龟”，而人生长寿者不过百岁，那么，人有什么理由否定龟的“慢”呢？同样，一只蚊虫，一夏时光而已，“朝菌不知晦朔，蟪蛄不知春秋”，但你能说蚊虫等无足轻重吗？蚊虫甚至小如针尖的虫子也是生命的一分子，有着超出人想象的灵性，也有人难解的谜底。试问，人能如蚊子那样在空中迅速而诡秘地飞翔吗？我想，人应该更多地去体会物性，将自己融会其中，向它们学习，并从中获得关于自然的一些“大道”。

庄子曾说：“昔者庄周梦为胡蝶，栩栩然胡蝶也。自喻适志与！不知周也。俄然觉，则蘧蘧然周也。不知周之梦为胡蝶与？胡蝶之梦为周与？周与胡蝶则必有分矣。此之谓物化。”[①]这段话的意思是说：从前，庄子梦见自己变成了蝴蝶，简直与蝴蝶一模一样。自己明白是逍遥自在，畅心极了！不知自己曾经是庄子。等到醒来后，惊异自己怎么成了庄子了。不知道自己是庄子梦中的蝴蝶，还是蝴蝶梦中的庄子。庄子与蝴蝶一定有差别。这就叫物化。对这段话的含义，不同的人有不同的理解。但这个寓言告诉我们：“物化”是多么重要！它可泯灭掉“物”“人”界限，使人在“物”性中“适志”。一个人如果能从世俗的遮蔽中抽身而出，进入“物性”之中，那么，在自然的法则下，人性的异化就可以避免，他就可以享受自由和逍遥的境界。草有色，日有光，月有华，山有灵，虫有鸣，鸟有声，对于自然事物（包括人）需要一视同仁、等量齐观，不可有人为的高下之分、尊卑之别。

李时珍这位中医学之集大成者，以一部《本草纲目》闻名于世。《本草纲目》主要记录了草木等药性，如果李时珍对草木物性没有一种如体察己身己心的情怀，要想写出那些描形状物、绘

---

① 郭庆藩：《庄子集释·齐物论》，中华书局，1995年版。

声绘色、情韵俱现的文字简直是不可能的。有时我想，李时珍很可能是一个草木的精灵，他能透过草木之形看到其内里的神韵，得乎其精、采乎其神。这种将己心融入物心的性情才能得自然之妙有，明自然之大“道”。

清代画家郑板桥曾说过：“所云不得笼中养鸟，而予又未尝不爱鸟，但养之有道耳。欲养鸟莫如多种树，使绕屋数百株，扶疏茂密，为鸟国鸟家。将旦时，睡梦初醒，尚展转在被，听一片啁啾，如《云门》《咸池》之奏；及披衣而起，颒面漱口啜茗，见其扬翚振彩，倏往倏来，目不暇给，固非一笼一羽之乐而已。大率平生乐趣，欲以天地为囿，江汉为池，各适其天，斯为大快。比之盆鱼笼鸟，其巨细仁忍何如也！”①

与那些将鸟与人区别对待的人不同，郑板桥以人之心体会鸟之心，为鸟所想，共乐共享，一片天然之乐。“名适其天”几近于“道”，鸟在此点与人何异？正因为郑板桥有如此“与鸟同乐”的境界，他才能超凡脱俗，一生自由如鸟之鸣叫、鱼之畅游。

从某种程度上说，人类从婴儿到成人的成长过程也是人性不断异化的过程。仅仅从婴儿的一尘不染、明澈如秋水的眼睛里，即可体会成人眼睛中那一片污浊。随着人的成熟和环境的影响，随着人知识的丰富、道德的增强、信息的增多、经验的增长、偏见的积累等都可能成为人性遮蔽和异化之条件。所以，老子呼吁“赤子”，李贽倡导“童心”，都是让人保持本

① 郑燮：《潍县署中与舍弟墨第二书》，《郑板桥诗词文选》，作家出版社，1997年版。

真，这不仅是指人，更是指人与物相通的自然“本性”。一个人若真正能葆有“赤子之心”，那他就会在污浊的世界中特立独行，一任天然，活得自然、潇洒而满足。

将人与物等量齐观，也许不少人会不以为然，认为这是异想天开、不足为训。其实，鲁迅早就对此有所论述了，只是不详尽，也不彻底罢了。比如，在《狗·猫·鼠》一文中，鲁迅显然不是站在“人本位”而是站在“自然本位”的立场来看动物。鲁迅这样写道：

> 其实人禽之辨，本不必这样严。在动物界，虽然并不如古人所幻想的那样舒适自由，可是噜苏做作的事总比人间少。它们适性任情，对就对，错就错，不说一句分辩话。虫蛆也许是不干净的，但它们并没有自鸣清高；鸷禽猛兽以较弱的动物为饵，不妨说是凶残的罢，但它们从来就没有竖过“公理”“正义”的旗子，使牺牲者直到被吃的时候为止，还是一味佩服赞叹它们。人呢，能直立了，自然是一大进步；能说话了，自然又是一大进步；能写字作文了，自然又是一大进步。然而也就堕落，因为那时也开始了说空话。说空话尚无不可，甚至于连自己也不知道说着违心之论，则对于只能嗥叫的动物，实在免不得“颜厚有忸怩”。假使真有一位一视同仁的造物主，高高在上，那么，对于人类的这些小聪明，也许倒以为多事。[①]

---

① 鲁迅：《狗·猫·鼠》，《朝花夕拾》，《鲁迅全集》第二卷，人民文学出版社，1991 年版。

鲁迅在此尽管没有阐述“与物等量齐观”的大智若愚的人生观，但对相较于动物的“自然”，人类乱用自己的小聪明所造成的异化现象，却是提出了严厉的批评。

陶渊明说过这样的话：“天地长不没，山川无改时。草木得常理，霜露荣悴之；谓人最灵智，独复不如兹。”[①]这首诗说的是：天地长久不灭，山川草木年年生长。草木得自然之道，荣枯得时；人们都说人是最聪明智慧的，怎么却不如草木呢！这里，陶渊明提出了自然本位而非人本位的观念，与遵循自然之道的草木相比，人却是糊涂的，不明智的。此诗虽然是谈“形与神”关系的，其自然本位的立足点却是很有意义的。

在商品社会中，人已失了自然之心，更难看到“齐于物”者。如此，我们就容易理解人对自然的破坏、人对生物的毁灭、人对动物的虐杀，也就容易理解人的残酷、人的无善、人的无爱、人的无美。在金钱、权力等“洪水猛兽”的吞没下，人心坚硬如铁、漆黑如夜，其残忍真如魑魅魍魉。比如，在熘火的映照下，在舞蹈的伴奏下，一群人围着被捆着的活羊，一边往羊屁股上浇滚沸的油，一边用刀子割肉，就着熘火吃羊肉串。据说，用这种方式烹制的羊肉特别鲜嫩。此时的人类，根本不顾羊的嚎叫，而是充分享受自己的快乐。还有，把活的猴子固定在餐桌上，生生敲开它的脑壳，用勺子吃猴脑，也反映了人的残忍。人类应该有一颗向善之心，对动物及植物应该赋予人性，否则就会

① 陶渊明：《形赠影》，王瑶编注：《陶渊明集》，人民文学出版社，1990年版。

违背自然法则，久而久之，必然毁掉人类自己。孟子曾说：“君子远庖厨。”周作人在西山时，曾抓到虱子，因为不忍弄死它，也不忍将它放在地上饿死，于是想起了一个权宜之计——找来石榴，将虱子放在石榴上。因为周作人猜想虱子吃石榴可以不死罢！其实，杀生与否是一回事，关键要修养自己的一颗善心。如果这个世界上人人都残忍无情，那么，这个世界也就离灭亡不远了。

人是天地自然间一个极其微小的粒子，他不能不顾大自然的法则，要遵循“道”，在保持人类的探求精神与创造精神的同时，要向“物”学习，找回原来属于人类而现在已经丧失或即将丧失的东西。这是人类的真正智慧，也是人类能够在天地间自由生活的根本。

中国古人有一名言：“物极必反。”人类的发展亦然。在追求聪明的同时，人类的行为却越来越功利化和表面化，并走向了它的反面——糊涂。今天，要寻找内在而非表面的聪明，还必须回到“糊涂”之中，这“糊涂”里包含着“道”。因为从根本上说，天地宇宙生于“无”，“无”为何，就是一片“混沌”。

审美人生
——诗性的超越与栖居

我们生活的这个世界是相当复杂的，有时它如迷宫一般令人难以捉摸，因此，对其分类有时是徒劳的，是远离自然之“道”的。就如同中国哲人所言，“道可道，非常道”，能够说清楚的“道”则不是经常不变的“道”。然而，为了明白晓畅，接近“道”，我们又不得不言说，不得不划分，不得不做出区别，这可能也是一个悖论吧！

对于这个世界的大多数人而言，他们的一生主要生活在现实的物质的世界里，为衣、食、住、行、钱和感官享受而奔波和操劳，他们往往都在追逐一种具体可感的东西。一般说来，这些人可以分为两类：一是那些穷苦人，他们生活在物质世界往往是无奈的，生活的艰辛逼迫他们不得不这样做；二是那些富裕人，他们沉醉于物质的感官享受是自愿的，日用千金对他们来说是一种荣耀。应该说，生活在物质世界之中，人们也可能很满足、很充实，也是一种幸福。但是，从人的理想生活状态来看，他们的生活是形而下的，是低层次的，是缺乏精神内核的。就好像“井底之蛙”，他们自满于井下的生活，而对井外的世界知之不多，也无从享受另一世界的快乐人生。至少可以这样说，安于物质层面的人生是缺乏“翅膀”的，是不能飞翔的。不能飞翔，他们永难体会在天宇中雄鹰一样的惬意与自由。

还有一类人，不管是穷是富，他们都能够从物质世界中超拔而出，生活在理想的精神的世界之中。这些人往往有着高尚的境界与品性，关心百姓的甘苦与世界、人类的命运。他们是一些“吃草产奶”的人，是一些“吸食甘露”的人，是一些“驾太阳鸟而飞”的人。与在世俗泥淖中蠕动的人生相比，精神的飞升有如出水的荷花，它昂扬高举，随风飘动，熠熠生辉。这里，我称此种人生为审美人生。

一　去发现美

一个具有审美人生态度的人，必须有一双眼睛能够发现生活中各式各样的美的眼睛。就如同一盏明灯，一个过滤器，也如同一架望远镜，这双眼睛可以洞若观火，可以去粗取精，可以透过云雾，从世俗世界中发现美。

在有审美眼光的人看来，这个世界处处都显示着美。上至天，下至地；远有古，近有今；小如个人，大如家庭、社会、世界，都不乏美好。就如同太阳的光辉一样，美好的事物用其神采照亮这个大地上的人类，这样，人类才不至于枯萎与死亡。

一般人总是将社会看成一个大染缸，认为人身在其中必会被其污染。某种程度上说这是对的，因为社会往往是人们运用自己的聪明进行争夺的战场，是蕴藏丑陋与罪恶的温床，是人性受到异化的场所。在这里，多少正直之士变成阿谀之人，多少清官廉士变为贪官污吏，多少洁手童心被污变黑。然而，社会并不是漆黑一团，人们也不都是近朱者赤、近墨者黑，还有一些在任何环境都不改其志、不变其节的仁人，他们是社会的脊梁。如视死如归的岳飞、文天祥、秋瑾、谭嗣同、李大钊、刘胡兰，如疾恶如仇的包拯、海瑞、鲁迅。可以说，这些人身上集有大美，这种“美”可以令人感受到天地间的浩然正气。一个人一旦有了这股正气，他就可以超越世俗的云烟，精神与境界都可以得到升华。

在人世间，还有一种天然的“美”值得注意，这就是血缘亲情。比如父与子、母与子、兄弟姐妹之间存在的一种内在的爱，这种爱可以消除人世间的苦恼与辛酸，涤荡人生中的污泥与浊水，使人有依有靠、有热有暖、有希望和梦想。从父子关系来说，中国历史上有数不清的佳话值得传颂。比如岳飞父子同仇敌忾、生死与共，为抗击入侵之敌献出了宝贵的生命。苏轼与苏辙兄弟之间的友爱也是被人广为称道的。自从离开四川来到京城，他们就开始了自己的政治、文学生涯，一直到死，在漫漫的人生路上，他们兄弟一直互相信任、互相支持、互相安慰，显达时不改其志，落魄时不变其情，关心爱护，相濡以沫，同舟共济。苏氏兄弟间的情谊不仅使他们各自的人生获得了支撑，使他们越过了许多艰难险阻、人世沧桑，而且也为后人树立了榜样。

在中国文化中最具魅力的当是母子之情。可以说，母子之情是人世间最内在、最深刻、最无私的一种感情，它可以超越任何束缚而达到人性的最深处。它深潜于中国人的意识之中，成为中国人永恒的内在驱动力。唐代著名诗人孟郊早就写过一首赞美母亲的诗：“慈母手中线，游子身上衣。临行密密缝，意恐迟迟归。谁言寸草心，报得三春晖。”这首诗让我想起了徐霞客的母亲，对儿子“问奇于名山大川”的宏志，她表示极大的支持，说“志在四方，男子事也”。然而，母亲心中怎能不惦念儿子？为了给儿子壮行和祈福，她亲手做了一顶“远游冠”，表达了母亲对儿子的一片深情。宋代岳飞母子间也感情笃深。为了让儿子舍身杀敌、保家卫国，母亲在儿子背上刺下了“精忠报国”四个字，从中可见母亲在爱子情感下所寄寓的深情。中国母亲的伟大之处往往并不只是表现在单纯的血缘亲情上，还内化为一种望子成龙、救国民于水火之中的伟大情怀，从此意义上说，中国的母亲对儿子爱得至深，寄望也最高。

清代夏敬渠的小说《野叟曝言》中素臣与母亲水夫人的感情也是这样。当素臣作为谏官，因直言己见、面斥奸臣而遭到横祸时，人人悲哀，个个伤怀，独母亲水夫人处乱不惊，泰然处之。当家人问及原因时，水夫人说了这样几句话，她说：“天下岂有不爱子之母哉！喜怒哀乐四者，情也，而有裁制此情者，是以发皆中节；若徇私情，忘天理，则不中其节矣。玉佳（即素臣）以戆直之性，应极谏之科，自必痛哭流涕，直陈时政。当今宦寺擅权，奸僧炀灶，投鼠忌器，撄龙批鳞，岂有不败之理？然事君有犯无隐，居官急病让夷，若依阿取容，宗社民生安所仰赖？为父母者，与其有子为奸臣、为佞臣，何如有子为忠臣、为直臣？既欲其忠与直，而又惧其受忠直之祸，天下无此两全之术矣。”[①] 这话说得明明白白、掷地有声。中国历史上这样的母亲有很多，自古成大事者，身后往往离不开一位有见识有深情的母亲。

20 世纪中国文化革命的先驱胡适的母亲与水夫人有很多相似处。她对胡适倾注了全部的母爱，而且她本人也是见识不凡。当胡适父亲去世时，胡适的母亲才 23 岁，为了让胡适长大成才，母亲很早就把他送进学堂。每天早晨，天还不亮，母亲就把胡适叫醒，并给他上第一课：反省昨天的过失，下决心好好读书。别人家的孩子每年只交 2 元学费，胡适母亲给老师 12 元，她提出的要求是：老师要给胡适逐字逐句讲解课文。胡适刚满 14 岁，母亲就把他送到上海读书。最能表现母亲见识的是，当胡适即将赴美国留学时，因为时间关系，母亲竟让胡适不必回家省亲，而是直接去了美国。在胡适留学期间，母亲病重，为了不耽误儿子的学业，母亲竟拍了照片，让人收好，并嘱咐别人说，一旦她死了，代她继续给胡适写信。等胡适学成回来，再将照片给儿子，那时，见到照片，就如同见到母亲。胡适母亲只活了 46 岁，她与丈夫仅仅在一起生活了 6 年，与胡适共处也只有 13 年。与《野叟曝言》中的水夫人相似，表面看来，胡适母亲对儿子严格得不近人情，其实，哪一个母亲不爱自己的儿子！少年时，胡适曾害过眼病，医生怎么也治不好，母亲听说眼翳可用舌头舔去，有一天夜里她真的将儿子叫醒，用舌头舔胡适的病眼。其中母亲的深情是无法用语言描绘的。胡适深知母亲的苦衷，当学成回国准备好

---

① 夏敬渠：《野叟曝言》，第 505 页，人民文学出版社，1997 年版。

好奉养母亲，母亲却已与世长辞了。更遗憾的是，胡适没有与母亲见上最后一面。胡适曾写一诗。诗中说：

往日归来，才望见竹竿尖，才望见吾村，便心头狂跳。遥知前面，母亲望我，含泪相迎："来了？好呀！"

——别无他话，说尽心头欢喜悲酸无限情。偷回首，揩干眼泪，招呼茶饭，款待归人。

今朝——
依旧竹竿尖，依旧溪桥，
只少了我心头狂跳！
何消说一世的深恩未报！
何消说十年来的家庭梦想，都——云散烟消！
只今到家时，更何处能寻她那一声"好呀！来了！"①

就如同《红楼梦》里的李纨课子，孤儿寡母的胡适母子相依为命。当胡适成为国内著名作家、学者，想好好奉孝赡养母亲时，母亲却溘然长逝了。诗中可见胡适的悲痛与绝望。中国有句古话说："树欲静而风不止，子欲养而亲不待。"

当然，在现实人生中，还有一些美会成为人超然达观的根据，比如友情、善心等。

值得注意的是，自然是人类永恒的家园。它是一个万花筒，其中充满着无限的神奇与美好：天上的太阳、月亮、星星，永远是人类的希望所在；还有云朵和彩霞，它们如诗如画展开人类美

---

① 胡适：《十二月一日奔丧到家》，《每周评论》，1918年12月22日。

丽的想象。当暖风吹拂，雨水滋润万物，人类能不如饮甘泉般的享受上苍的恩泽吗？再说大地，它肥沃的土质、耸立的群山、广大的森林、密布的河川、飞流的瀑布、幽深的大海、遍地的飞禽走兽和五颜六色的花草，等等，都令人目不暇接，心旷神怡。自然，以美不胜收的景色浸润着一代又一代人类，使他们感觉到光明、美好与希望。

正因为如此，人类一时也不可能离开自然的怀抱，自古及今，有多少人将自然视为自己的栖所与生命的泉源。尤其中国人，他们与自然的关系最为密切，所以西方有的学者认为中国哲学是自然主义的，具有神秘主义的性质。

老子曾谈到人、天、地、道、自然，他说："人法地，地法天，天法道，道法自然。"[①]意思是说：人为地所承载，人应当以地为法；地为天所覆盖，地应当以天为法；天被道所包蕴，天应当以道为法；道以自然为归，道应当以自然为法。所以，人离不开自然，人要获得"美"，就必须到自然中去寻找。

陶渊明弃官而归于自然，"采菊东篱下，悠然见南山"是他沉醉于自然美景的真实写照。还有王维，他也是从自然万物中得到满足与充实，自然的光色、山水都令王维有一种超然物外的感受。吴承恩的《西游记》也描述了美妙神奇的自然景观。唐僧师徒四人行程数万里，山山水水、鸟兽虫鱼、奇花异草、妖魔鬼怪，都为本书染上了一层美妙、神秘的色彩，使人的身心都为之震动和愉悦。在吴承恩的笔下，山川草木、鸟兽虫鱼等真是美不

---

① 《道德经》第二十五，《诸子集成》，上海书店，1994 年版。

胜收。他用一支生花妙笔描绘傲来国花果山：

> 势镇汪洋，威宁瑶海。势镇汪洋，潮涌银山鱼入穴；威宁瑶海，波翻雪浪蜃离渊。木火方隅高积土，东海之处耸崇巅。丹崖怪石，削壁奇峰。丹崖上，彩凤双鸣；削壁前，麒麟独卧。峰头时听锦鸡鸣，石窟每观龙出入。林中有寿鹿仙狐，树上有灵禽玄鹤。瑶草奇花不谢，青松翠柏长春。仙桃常结果，修竹每留云。一条涧壑藤萝密，四面原堤草色新。正是百川会处擎天柱，万劫无移大地根。①

可以说，这里是天下美景大荟萃，人间难得几回闻。不要说身临其境，饱餐如此美色，就是听来也如登上神山，飘飘欲仙了。

徐霞客一生游山玩水，走遍天下名山大川，饱览山水景色，大自然的神奇、美好和壮丽使徐霞客的一生充满传奇与浪漫，他简直是将自己的生命融入了自然之中。徐霞客每次远游归来，都会向人们描绘自己的所见所闻，总是令听者感到惊异而兴奋。在《徐霞客墓志铭》中记载说："为言各方风土之异，灵怪窟宅之渺，崖壑梯蹬之所见闻，有令人舌挢汗骇者，母意反大惬。"②看来，母亲和徐霞客一样，也能从山川之奇之美中得到惬意，这种自然之美确实可以陶冶人的性情，使人超凡脱俗。可以说，不带政治目的，没有人资助，完全以个人的性情和爱好，游历、考

① 吴承恩：《西游记》，第2—3页，人民文学出版社，1991年版。

② 徐霞客：《徐霞客游记·序言》，褚绍唐等整理，上海古籍出版社，1980年版。

察与欣赏名山大川，徐霞客可能是前无古人的第一人。他这样写峰、石，“峰尽千羽之遗，石俱率舞之兽”，表现了峰、石的千姿百态，如动如飞一样。他写群山之路，“升降宛转，如在乱云叠浪中”。他写岩洞：“人第七门，又连环贯珠，络绎层分，宛转俱透；升降于层楼复阁之间，浅深随意，叠层凭空。此真群玉山头蕊珠宫里也。”令人仿佛进入仙境，如梦如醉，有离尘隔世之感。徐霞客的一生逍遥自在，他脱离了尘俗人间，完全将自己融入大自然中，在欣赏美好自然的过程中，自己的心灵也得到了升华。在徐霞客的一生中，步步美景，处处花香，说不尽山情水意，道不完树念草思，一双脚步比山高，一腔激情比海深。他的一生完全被自然之美灌注，他身轻心静，心无旁骛，与萤虫同歌，与鸟鹤群舞，与云霞共飞。这种境界与心怀岂是尘埃落定人间、不知美为何物的凡夫俗子所能道之万一？

可能正是因为大自然的圣美，也可能是因为中国人与大自然的天然联系，中国文人自古有归隐大自然的传统。这样的例子举不胜举，许由、范蠡、张良、陶渊明、王羲之、怀素、王冕、石涛、八大山人、李叔同等都是隐士，他们或退居山林，或身居寺观。他们感到了社会的污浊与黑暗，向往大自然的纯洁与明澈，希望自己的心灵能够得到净化与升华。

一个悲观主义者如果对家庭、社会和自然失去热爱，那么，他就很难看到这个世界的美，也就难以做到逍遥。因为，在他们心目中，这个世界太黑暗了，忧患、绝望、冲突与斗争日益激烈。对这个世界可以具有悲剧性的认识，但要看到这个世界的美，并努力去寻找美。如此，才有可能超然达观，人生才有可能找到依恃的东西。

二　苦中作乐

应该说，家庭、社会、自然有着无数的美好事物和感情，也正因为如此，人才感到生活中还有欢乐、有幸福，还有希望。但同时也应该承认，人生不如意者十有八九，这个世界除了歌声还有悲哭，除了爱还有恨，除了希望还有失望。当人们告别欢笑和愉快的童年和少年，走进成年，社会的矛盾便纷纷而来，有时像大山一般重压下来。随着知识的增多，社会阅历的丰富，以及认识能力的渐渐提高，加之不断而来的失败和挫折，人们会感到越来越沉重的压迫。那么，如何从这种重负中解放出来，不为环境所役，也不受自己所役，而成为一个自由人，让自己的生活过得轻松自如？这显然需要在逆境中克服压力的超拔精神。

在艰苦的境遇下要获得自由，首先要解决对逆境的认识问题。每个人命运的顺利与坎坷是不同的，有的人可能一生比较顺利，而有的人一生却比较艰辛，可这属于较为个别的事例。就好像天才与傻子都只占人口的极少数一样，一生绝对顺利和完全背时者恐怕难有，即使有也少之又少，而对大多数人来说，命运都是公平合理的，即成败、得失参半。只是他们成败、得失的时间场合可能有很大的差别罢了。在某人看来，别人总是成功者，而自己总是失败者，这一印象恐怕是由于他的错觉导致的，因为自己很少了解别人的挫折，却较多注重自己的挫折。

根据自然法则，阴和阳、圆与缺、成与败、得和失等都是对立统一而又相互转化的，它们不可能一成不变，守中存一。老子说："天之道，其犹张弓与？高者抑之，下者举之；有余者损之，不足者补之。天之道，损有余而补不足。"[①]意思是说：天道自然法则，不就好像拉弓一样吗？弦位高了就压低它，弦位低了就抬高它；弦长了，就缩短它，弦短了，就补足它。天之道是减损多余而补充不足。就月亮来说，它的真正圆满也只有一二日而已，而余下的时日都是在圆与缺之间转换着。苏东坡曾写了一首词，其中就说到自然的变动消长和人生的变化无常。词中写道："人有悲欢离合，月有阴晴圆缺，此事古难全，但愿人长久，千里共婵娟。"人生的悲欢离合就像天上月亮的阴晴圆缺一样，是事物的必然。这件事自古就是如此，但愿人能长久，在千里之外也能相知相思，健康长在。

既然天地之"道"即是不满、逆境为多，而圆满和顺利为少，那么，人们就应该认识天理，将"不如意者事"看成是常态，而不是特例。换个角度说，如果圆满和顺利那么易得，我们的日常生活中就不需要各式各样的祝愿了。认识到这一点，人就会对逆境采取心安理得、从容不迫的态度，而不被其纠缠或束缚住。更何况，逆境可以锻造人的性格、意志与品质，可以为以后的人生铺平道路。古人说："故天将降大任于是人也，必先苦其心志，劳其筋骨，饿其体肤，空乏其身。"就是说，对那些要成就大业的人来说，艰苦的挫折是必不可少的。你还指望"温室的花朵"能有多少作为，成就什么业绩？

---

① 《道德经》第七十七，《诸子集成》，上海书店，1994 年版。

如果从心理学的角度来说，“吃苦”也有着不可替代的价值和意义。举个简单例子，一个人如果从来没有吃过糖，而吃的总是苦果，那么，一旦有一天吃到了糖，他就会高兴极了，会感到人生太美好了，这个人生真是值得一过。甚至这块糖有可能成为他一生的信仰，即这个世界上不管如何艰苦，但总有一个美好的东西在等着他，只要努力，总有一天会如愿以偿的。相反，假如有一个人每天吃糖都吃得腻了，这时有人再给他一块糖，他很可能不以为然，体会不到这块糖的美好，更体会不到其价值和意义。此时，假如不给这个人糖而是给他苦果，其结果又会怎样呢？恐怕他会抱怨太苦了，甚至对这世界也会产生怀疑与仇视。他会觉得别人都是幸福如意的，只有他自己毫无快乐可言。这说明吃苦是幸福的一个必要前提和准备，中国古人说得好：“吃得苦中苦，方为人上人。”

可以说，从根本上解决对逆境的认识，是人类摆脱人生和生命之束缚的基本前提，清楚了这一点，就会有明透圆通之感，就如同举其纲、张其目，提领而顿百毛皆顺所达到的效果一样。

其次要为自由而奋斗。就如同鱼的游动、鸟的飞翔一样，人也需要自由，需要按照自己的意愿和喜好生活，而不是受制于人，成为“奴隶”。这就是说，人在这个世界上要为自己的自由而努力，不得自由，就与盲目聋耳无异。然而，在这个世界上，人的自由处处受到束缚和限制，亲情、工作、友朋、恋爱、婚姻，以及衣、食、住、行等都会有不同程度的约束。一个追求自由的人就应该割断各种束缚，成为他自己。马尔腾曾坚决地说：“不管待遇怎么丰，报酬怎样厚，地位怎样高，你千万不可从事于一种不容许你自由、光明地做事的事业，你不当让任何顾虑，钳制住你的舌头，购买去你的意见！你当将自由、自立，作为你的神圣不可侵犯的权利，而任何顾虑，都不能使你放弃之。”[①]显然，这是一个自由宣言，表现出自由的价值，及其对个体生命的重大意义。现在有许多人苦恼于为了工作和金钱而不得不失去自由。如果人们了解了马尔腾的自由论点，是否会有所触动，是否会重新选择、重新设计自己的道路呢？因为自由是不可以用金钱买来的，却可以为金钱而出卖，以牺牲一生的自由为代价所造成的损失，恐怕是金钱无法补偿的。

其实，人之所需无多，关键是他能否甘于贫困、甘于寂寞。庄子说过：“鷦鷯巢于深林，不过一枝；偃鼠饮河，不过满腹。”[②]就是说，小鸟在深林中筑巢，只不过需要一个树杈；田鼠在河边饮水，只不过喝饱肚子。那么，人有什么必要去过多追求外在的物质呢？孔子在《论语》中说：“饭蔬食饮水，曲肱而枕之，乐亦在其中矣。”意思是说：吃普通饭菜喝白水，弯着胳膊当枕头，其中也有无穷的乐趣呀。孔子的学生颜回的理想即是“一箪食，一瓢饮”足矣。看来，最关键的并不是物质的多少，而是如何对自由与物质进行协调和取舍。当然，甘于贫困和甘于寂寞有个前提，即在物质生活上达到最基本的满足，如果食不能饱腹，有家难以赡养，居无定所，甚至身无立锥之地，那就很难

---

① （美）罗杰·马尔腾著，林语堂译：《成功之路》，第30页，《林语堂名著全集》第二十八卷，东北师范大学出版社，1994年版。

② 郭庆藩：《庄子集释·逍遥游》，中华书局，1995年版。

超脱了。这就必须先为生活之必需而奋斗。有了这一基本前提，才能考虑这样的问题：如何挣脱外部世界的束缚，不因家务、工作、人际关系等的缠绕而失去自由。

有时，人生的挫折不只是表现在物质生活得不到满足，杂事缠身，难得自由，还表现在生活或人生理想的重大变故上。和谐的生活被打破了，既定的道路和理想被摧毁了，有时甚至连生命也面临着严重的威胁，可以说，此时人处于绝望的境地。比如屈原，他在遭遇谗言、放逐时就是这样。然而，面对几于绝境的时候，不同的人却有着不同的生活态度：屈原、王国维、傅雷、老舍等人是采取非常激烈的自杀方式，以与自己的信仰一同毁灭来与这个世界对抗；而司马迁、苏东坡、梁漱溟、林语堂等则采取非对抗的苦中作乐的方式，以心灵的自由和不懈的工作与这个世界保持平衡。显然，前者过于沉溺于己身的悲郁和理想的破灭之中，后者则不为现实所拘囿，而是用心灵的自由去化解所有的束缚，具有一种超越意向。这就好像三月的阳光，它总是以其温暖的热度、微笑和自信去消融冰雪，从而带来“春江水暖鸭先知”的明媚春天。这样的人很少有什么东西能够摧毁他们，他们的心里可以担当泰山，可以跑马，可以渡船，因为他们的心胸和气量广大而深厚，他们对人生充满着永远无法磨灭的热爱。林语堂虽然看到了生命的悲剧性质，但与鲁迅不同的是，他与这个世界并不是采取一种悲剧的对抗方式，而是以无比的热爱笑看世界和人生，并且善而处之。所以，林语堂不管在生活中遇到何种不如意的事，他都能以达观和从容的态度生活着，他相信生命的意义就是这样：缺乏和不满足是正常的。在林语堂看来，能在这个世界上活着，本身就是一种福分，是上苍美好的赐予与厚待。值得注意的是，在生命的黄昏，看到年轻人的身姿和笑容，看到大地使草木发出绿芽，听到小鸟的呢喃和歌唱，林语堂总止不住老泪横流。对林语堂来说，最主要的还不是他对生命的感伤和悲惋，而是他太热爱这个世界和人生了。在《八十自叙》中，林语堂这样说："生命，这个宝贵的生命太美了，我们恨不得长生不老。"

司马迁受宫刑之辱，这在中国古代算是灭顶之灾，几乎没有什么能比这更令人难堪的了。如果换成屈原，那他很可能比作《离骚》的悲愤更大，比投水自杀的举动更壮烈。司马迁却不然，他慢慢地接受了自己遭受的奇耻大辱，心情归于平静后，完成了中国历史上最为光辉的著作之一——《史记》。试想，如果司马迁意气用事，过于沉溺于己身的痛苦，心中缺乏忍耐与承受力，缺乏苦中作乐的审美理想，要从那样的黑暗与重压下解放自己，并创造出惊人的奇迹，那简直是不可想象的。

苏东坡是一个人生道路非常坎坷的人，他的辉煌与挫折共同构筑了他精彩的生命历程。这个生活在 11 世纪的中国智者，以其自身的历史抒写了一首首"宠辱皆外于我，唯有自由永存"的壮丽诗篇。撇开苏东坡的受宠不谈，我们只看他被放逐到荒僻之地儋州（在今海南省）时的情怀，就可以知道苏东坡是怎样一个自由人，是怎样一个苦中作乐的人。当时的海南岛还是蛮荒之地，不适合人类居住，更何况苏轼这样的京中翰林。那时的海南，夏天极其潮湿、闷热，秋天雾气很重，秋雨连绵不断，所有的东西都会发霉。苏轼的床柱上还长了许多白蚁。物质生活也极度贫乏，苏东坡说："此间食无肉，病无药，居无室，出无友，冬无炭，夏无寒泉，然亦未易悉数，大率皆无耳。惟有一幸，无甚瘴也。”对这位60岁的老人来说，这样艰苦的环境如何能够生存？更何况，这种放逐并无止期，很可能是他最后的死地。离开京城的繁华与富足，来到海南这个僻远之地，尽管吃得粗劣，水土不服，无朋无友，寂寞无聊，但苏东坡并没有悲观、厌世，也没有失去生活的乐趣与美好的理想，而是很快安定下来。

苏东坡给朋友写信表达了自己达观超然的生活态度和决心，他说：“尚有此身，付与造物者，听其运转，流行坎止，无不可者，故人知之，免忧煎。”他给弟弟的信中说：我上可以陪玉皇大帝，下可以陪卑田院乞儿。在我眼中天下没有一个不是好人。须知，苏东坡的被贬、遭逐主要是因为奸人谗言，与屈原相近，但苏东坡远远不似屈原那样极尽痛骂之能事，而是认为天底下没有坏人，都是好人。这与他的佛家修为，与他受“性善”思想的影响不无关系。从中也可看出苏东坡的超人之处。这明显近于“道”的无是非观。其实，在这个世界上，人的是非善恶、高下曲直，往往都是相对的，所不同者是环境与修养有异。从自然法则来说，人都是这个世界上可怜的生物，都具有共同的悲剧性命运，人应该相携相助、共度人生才是。然而，那些所谓的“坏人”却不明此理，一味糊涂和遮蔽，这也不完全是他们之过。可能正是在此基点上，苏东坡才能解脱，不与害他的人（有的甚至是他的朋友、学生）计较。

在海南，苏东坡自己制墨，自己采药，自己盖房，同时，抄录了《唐书》《汉书》，注释《尚书》，编定《东坡志林》，考订药书，赋诗作词，等等。所取得的成就颇为不少。最有意思的是，苏东坡在杂记《辟谷之法》中提到“用食阳光充饥”的办法，他说：“此法甚易知易行，然天下莫能知，知者莫能行者何？则虚一而静者世无有也。元符二年，儋耳米贵，吾方有绝粮之忧，欲与过子共行此法，故书以授之。”苏东坡这种苦中作乐的生活态度颇为难得，似乎这个世界上没有什么东西可以将他打倒，因为他是以“虚一而静”和“包容万有”的态度去生活的。守定而“一”，则既可得住“道”中，又可超然“物”外，完全达到“逍遥游”的境界。

还有梁漱溟，在“文化大革命”中，他深受迫害，但他一面以“士可杀而不可辱”的态度对之，一面又以少有的忍耐、宁静、信念与外力、与命运抗争。他在此期间还坚持学术研究，他的许多著述都是被毁损后另起炉灶重新写成的，而在那时，他没有资料可供参照，只有凭借记忆，依靠平日的学养和积累。可以说，梁漱溟表现了与傅雷等人不同的坚忍和超然物外的生活态度。

能够做到苦中作乐的人，与那些刚而不折的人不同，他们往往有“大道”作为基石，心有天地，见识高远，可辱可曲，以柔克刚，信仰不灭，生命不息。世界可以变幻，可以残酷，可以冰冷，但是，人心却能守静抱一，一心向善，温情可喜，达观从容。这种人生往往喜而不露得意之色，悲而不改心静乐观，成败胜负都一任天地自然的变化。可以说，如此人生已达到了不败不朽之大境界。要达到苦中作乐的境界，还有一种生活方式应该注意，那就是比较的方法。中国有句古话，人是无法比较的，“人比人得死”。但反过来说，如果一个人能正确地运用比较的方法，那么，他就会求得一种平衡与安宁。对有的人来说，他总是将自己的“失”与别人的“得”相比，将自己的“败”与他人的“成”比较，结果得出了这样的结论：谁都比自己顺利和幸福。从而产生了相当悲观的看法和生活态度。一方面，与比自己幸运的人比较，是为了虚其心，取人之长，补己之短。从此意义上说，孔子的话“三人行，必有我师矣”是对的。去掉嫉妒之心，一心向上，广结良师益友，取法其上，如此即可近朱者而赤了。另一方面，在许多事情上，又要与比自己运气差的人相比，这不是为了满足自己的虚荣心，而是增加自己的自信心。老子说过，天之道是损有余而补不足，而人之道则是相反，即损不足而补有余。李绅有两首《悯农》诗说得好，一首是：“锄禾日当午，汗滴禾下土。谁知盘中餐，粒粒皆辛苦。”另一首是：“春种一粒粟，秋收万颗子。四海无闲田，农夫犹饿死。”杜甫也说：“朱门酒肉臭，路有冻死骨。”想想那些不务正业并用百姓的血汗养肥自己和家人的官僚政客，那些穷苦人真是天下最伟大的人，当然也是最可怜的人。想到此，我们还会与人比富吗？还会感到自己是苦不可忍吗？其实，真正苦难的还是那些日出而作、日落而息的农民，他们用血汗养活了天底下的一切人，而他们所得却微乎其微。因此，一个良心未泯的人应该更多地为老百姓想想，为他们造福。只要想想天底下的百姓，对一个受过良好教育的人来说，他的那点苦楚又算得了什么？有时，这种比较还可以推演到与天地间的其他事物相比。比如，耕牛的一生是永无休止地拖犁拉套，驼骡的一生则永远是驮负和载重，它们比起人类更是痛苦不堪，身受劳役。还有鸡、狗、猪、鸭、鱼、鸟等，总是被人随意宰割。这些动物好像天生就是为人而存活着的。还有这个地球，它要负累多少山川、河海、建筑、树林和人类……想到这些，人就应该感到庆幸，感到幸福。虽然现在有不少人良心丧尽，不以人为人，但是毕竟作为人类在这个世界上生活还是一种幸运。何时人类能够摆脱人本主义观念的束缚，站在自然本位的角度思考人类与世界万物的发展和命运，人和其他动物才能有慢慢解脱苦难的可能。

在对科学和物质崇拜的今天，人类似乎越来越深地陷入受难和异化之中，人类正在加速自我毁灭的进程。从此意义上说，人类似乎面临着一个不可解决的悲剧。在这种人类无法改变的“竞争”之中，作为人类中的清醒者，只有确立苦中作乐的生活态度，力求在有限的人生中尽可能地摆脱各种各样的束缚，才能使自己的身心得到解脱和逍遥。这可能是现今人力所能做到的唯一事情吧！

三　文学和艺术的魅力

庄子曾在《逍遥游》中塑造了“抟扶摇而上者九万里”的大鹏。大鹏不能自飞，而必须有所依恃，依恃其下面的风，因为“风之积也不厚，则其负大翼也无力”。看来，庄子的逍遥不是完全自由的，它必须有所待、有所恃。那么，人在这个世界上要逍遥，一般说来，也需要有所假借。事实上，人在这个世界上，除了直接与这个世界对峙，试图超越世俗人生外，更多的是借助于他者，比如通过文学与艺术这一形式，人类就可获得相当的解脱与自由。

文学与艺术是以自然、社会和人类为前提的，它是在自然基础上的提升。自然、社会所不可言，文学与艺术可以言之。所以，文学与艺术的美比现实的美往往更有概括性和感染力。罗丹曾说，艺术是自然的产物，又是提高的自然。他还说过：照片说谎，而艺术真实。清代叶燮说过："可言之理，人人能言之，又安在诗人之言言之。可征之事，人人能述之，又安在诗人之述述之。必有不可言之理，不可述之事，遇之于默会意象之表，而理与事无不灿然于前者也。"[①]可见，诗（文学与艺术）主要是言生活之不能言之言，述生活所难述之事，将生活中可意会而不可言传者用艺术的形式表现出来。清代画家恽南田也说过艺术的独特性，即它与自然间的区别。他说："谛视斯境，一草一树，一丘一壑，皆洁庵灵想所独辟，总非人间所有。其意象在六合之表，荣落在四时之外。"正因为文学与艺术是自然的升华，具有相当的抽象性，所以，它有着更大的魅力，将人提升到一个新的境界。宗白华也谈过艺术的魅力，他说："美术中所谓形式，如数量的比例、形线的排列（建筑）、色彩的和谐（绘画）、音律的节奏，都是抽象之点、线、面、体或声音的交织结构。为了集中地提高和深人地反映现实的形象及心情诸感，使人在摇曳荡漾的律动与谐和中窥见真理，引人发无穷的意趣，绵渺的思想。"[②]看来，艺术具有相当的独立性和特殊规律，它可以将人

① 叶燮：《原诗》，霍松林校注，人民文学出版社，1998年版。

② 宗白华：《论中西画法的渊源与基础》，《艺境》，第117页，北京大学出版社，1998年版。

引入另一个迷人的天地。

纵观中国文学与艺术史，文学与艺术确实可以惊天地、泣鬼神，它曾使多少人沉溺其间，享受到超越世俗人生的愉悦与升华。某种程度上说，文学与艺术可以使穷人“富有”、愁人欢乐、俗人清雅、空虚人充实，从而达到自由的境界。

王羲之曾作《兰亭序》，它不仅是书法神品，被誉为“天下第一行书”，而且文采隽美，堪称风流蕴藉，其中描写了崇山峻岭、茂林修竹、清流激湍、流觞曲水。文中还描写了王羲之当时的心情：“当其欣于所遇，暂得于己，快然自足，不知老之将至。”甚至王羲之相信，这必将感动后人。他说：“后之览者，亦将有感于斯文。”可以说，正值良辰美景，山明水韶，情兴酒浓，友朋欢聚，赋诗援笔，直抒胸臆，王羲之怎能不思逸神飞，倾尽豪情？《兰亭序》写成之后，王羲之十分得意，认为它充分表达了自己陶然忘情于山水自然的情怀。据说，在此之后王羲之又反复写了十多遍《兰亭序》，但都不如第一次的创作。自此书法问世以来，人们都将之视为珍宝，凡喜之者往往读之、习之，多能达到宠辱皆忘、明目凝神的作用。据说，唐太宗李世民为了得到这天下第一行书，竟派监察御史萧翼用计赚得，从此日夜把玩临摹。临终时，太宗有令，让儿子将《兰亭序》与自己一同葬入墓中，由此也可见出唐太宗对此帖的喜爱程度。王羲之的《兰亭序》不仅曾令他本人洋洋自得，意兴神驰，而且也令后代人为之神魂颠倒，如敬天神。一本《兰亭序》竟有如此的魅力，他对人们精神和性情之深刻影响就可想而知了。宗白华曾这样评价包括王羲之《兰亭序》在内的书法艺术：“晋人风神潇洒，不滞于物，这优美的自由的心灵找到了一种最适宜于表现他自己的艺术，这就是书法中的行草。行草艺术纯系一片神机，无法而有法，全在于下笔时点画自如，一点一拂皆有情趣，从头至尾，一气呵成，如天马行空，游行自在……这种超妙的艺术，只有晋人萧散超脱的心灵，才能心手相应，登峰造极。”[①]这段话不仅对王羲之在内的晋代行草书法给以极高的评价，而且也指出了晋代书法艺术与人“萧散超脱”自由精神的内在关系，换言之，王羲之的书法艺术确实具有心灵的自由和超脱精神。

王羲之的儿子王献之也是书法大家，他对书法的酷爱不亚于乃父，其艺术成就之高也与父亲不分上下。他的书法风光流韵，美而不艳，华而不妖，雅而不俗，丽而不媚，真是达到了神品、仙品的境界。但人们习惯上还是将他的书法成就放在他父亲之后，所以，他父亲被称为“书圣”，而他被称为“亚圣”。据说，很小的时候，父亲王羲之为了试验他练字时是否聚精会神，在王献之练字时，趁其不备，突然从他后面拔他手中的毛笔，看看是否能将笔拔下来，结果每次都拔不下来，王献之手中的笔总是握得紧紧的。可见王献之练习时的专一，也可看出他对书法的痴迷程度。由于王献之学书异常用功，练完字后要用水清洗毛笔，久而久之，王献之门前的池塘就被洗笔染黑了，这个池子也因此被人称为“墨池”。可见，在王献之的心目中，书法有着何等的魅力。

---

① 宗白华:《论〈世说新语〉和晋人的美》,《艺境》,第136页,北京大学出版社,1998年版。

唐代韩愈极其赞赏书法家张旭的书法，认为张旭的书法可以惊天地泣鬼神，具有超凡脱俗的品格。他说：

> 往时张旭善草书，不治他技。喜怒、窘穷、忧悲、愉佚，怨恨、思慕，酣醉、无聊、不平，有动于心，必于草书焉发之。观于物，见山水崖谷，鸟兽虫鱼，草木之花实，日月列星，风雨水火，雷霆霹雳，歌舞战斗，天地事物之变，可喜可愕，一寓于书。故旭之书，变动犹鬼神，不可端倪，以此终其身，而名后世。①

据说张旭作书常常饮酒至大醉，以至披头散发，疾呼狂奔，此时奋笔疾书，其狂草如同狂风骤雨，一派天地之气。可以想见，当时的张旭完全陶醉于艺术境界之中，如与世俗的凡人众事隔绝一般。书法令张旭完全进入了“逍遥游”的境地，一任自己纵横驰骋，真正是天马行空、惊天动地了。

还有前面提到的唐代书法家怀素，他用秃的毛笔可以堆成一座小山。李白曾高度赞赏怀素的书法说：

> 少年上人号怀素，草书天下称独步。墨池飞出北溟鱼，笔锋杀尽中山兔。……起来向壁不停手，一行数字大如斗。恍恍如闻神鬼惊，时时只见龙蛇走。②

从中可见，书法对于怀素已不仅仅是艺术，而是使他超然

---

① 韩愈：《送高闲上人序》，《韩昌黎文集校注》，上海古籍出版社，1998 年版。
② 李白：《草书歌行》，王琦注：《李太白全集》，中华书局，1993 年版。

物外、快乐幸福的源泉，成为他特立独行的生活方式。之所以如此，除了由于书法艺术具有形式美，更由于书法艺术内含的精神境界。

当然，中国书画史上还有很多人沉醉于书画艺术之中，并从中得到解脱的力量。如30年不下阁楼专心书法艺术的智永，如临书使清池变为墨池的张芝，如呼怪石为兄长的米芾，如8年寓居梅家专心致志习书的邓石如，他们都是将书画艺术作为自己的生命，甚至胜于生命，并从中获得超脱世俗社会的力量。

中国诗歌也是人们超越世俗、保持自由的重要依恃。卢延让的“吟安一个字，捻断数茎须”就是诗歌艺术具有无穷魅力的真实写照。李白是最富浪漫色彩和超凡入圣的伟大诗人之一，他的诗上天入地，极尽夸张之能事，真如龙跃云天、龟入大海，有着无穷的艺术魅力。如“黄河之水天上来，奔流到海不复回”，如“白发三千丈，缘愁似个长。不知明镜里，何处得秋霜”，如“人生得意须尽欢，莫使金樽空对月”，如“桃花潭水深千尺，不及汪伦送我情”，等等。这些诗不仅反映了作家在诗的引领下自世俗人间不断超拔出来，进入至为神圣的境界，而且也成为后人的精神寄托，使人读其诗、想其人，一股仙风道骨之气自胸中勃然升起，在此过程中，人的精神和灵魂也升腾起来。这就是文学感人的魅力之所在。

由此我们就可以理解，为什么有的人宁可空其腹、倾其囊、破其家也要执着于诗艺的探求。在常人想来，这是难以理解的。而对于嗜诗如命者则是属于情理中事。因为在诗的世界里，世俗的竞争与欲望都化为乌有，有的是美好的诗意和向往。精神的升华会给人带来多大的愉快啊！这就是那句话："家有金山银山，不如子经半部。"

不仅诗如此，就是一般的学问也会使人们的精神境界升华。如宋代李清照与赵明诚结婚后，伉俪情深，志趣相投。他们常常节衣缩食，用省下来的钱搜购金石书画，并一同整理研究。在李清照的帮助下，赵明诚竟集金石器物石刻二千余种，编成《金石录》初稿。二人经常泡一壶茶，各执一卷书册，在沉静的良夜，认真地品读。有时他们还相互"考"对方——随便翻开某书某页，让对方指出其中的内容，错者罚酒。如此夫妻夜读的境界，真是令人仰羡！又如清末经史词曲研究专家李慈铭是一个沉溺于书籍与学术的人，胡适对他的诗评价很高。为此，胡适还专门写了一首诗赞美李慈铭。诗中有这样的句子：

> 三间五间老屋，七石八石俸米；终年不上衙门，埋头校经校史。
>
> 宁可小睡几觉，不可一日无书；能读能校能注，先生不是蠹虫。
>
> 这回先生病了，连个药钱也无；朋友劝他服药，家人笑他读书。

读书和学问做到这个地步，心中还有什么世俗烦忧？心中还有什么难越的障碍？李慈铭的生活方式超越社会物质层面，也超越了己身，从而进入一个无物无我的境界。

纵观中国历代藏书名家，他们对书籍的爱好也是令人钦佩的。许多人节衣缩食购买自己喜爱的图书，在此意义上，他们营造了属于自己的生活和精神空间，也超越了世俗社会的人生图景。比如宋代司马光爱书成癖，他所藏的万卷文史书籍，虽每天翻阅，却好像未曾触摸过一样。他曾对儿子这样说："贾竖藏货贝，儒家惟此耳。"可见他对书的重视程度！另有司马光的助手刘恕，他曾到数百里外的藏书家宋次道那里读书抄写。对于主人的殷勤款待，刘恕不以为意，却说："此非吾所为来也，殊废吾事。"他让主人自便，一个人闭门昼夜看书，看得眼睛都生了翳病。宋代著名诗人尤袤则直截了当地说明自己藏书的意图，那就是饥饿了读书可当肉，寒冷了读书以当裘，寂寞了读书以为友，郁闷了读书可为琴瑟。陆游的《老学庵笔记》载有这样一个故事：王性之死后，某官想得到他的藏书，就对王性之的儿子王仲信许诺说，可以让他做官。王仲信却说，自己宁愿守住这些书一直到死，也不愿意做官。

到了现代，鲁迅、郑振铎、阿英、叶灵凤、黄裳、姜德明等都是藏书名家，他们爱书如命，有时宁可忍饥挨饿也要得到自己喜爱的图书，当然，他们也从中得到了无限的乐趣与精神的升华。有一次，郑振铎为了收藏一部分有用的书籍，毅然花去六千金，而一家老小十多口三个月的吃饭穿衣就没有着落了。叶灵凤前后藏书达数万册，他曾这样写道："读书是一件乐事，藏书更是一件乐事。但这件乐趣不是人人可以获得，也不是随时随地可以拈来即是的。"①

概括来说，为什么文学与艺术会有如此巨大的魅力，可以

① 叶灵凤：《读书随笔集·书痴》，生活·读书·新知三联书店，1995 年版。

将人从世俗世界提升出来，使其进入一个完全属于自己的、个性的、自由的境界呢？我想可能主要有以下原因：其一，文学与艺术的本性决定了它与世俗的物质世界隔离开来，它是以超越世俗进入精神的审美的境界为前提的。其二，文学与艺术的感染功能。文学与艺术与科学等的不同就在于它的审美性，它是以情动人的。古人说，“诗可以兴，可以怨，可以观”，这其中就含有这个道理。其三，文学与艺术的个性化和创造性决定了其独立性，这就要求文学家、艺术家和欣赏者有孤独感和自由精神，否则，文学与艺术就会离你而去。可以这样说，在人们生存的世界上，物质往往以异化的形式不断地吞噬人类，而文学与艺术则往往以反异化的方式不断地试图拯救人类。所以，对现代人来说，接近文学与艺术也就接近了美好与自由，也就有望成为一个不受制约和不被异化的人。

四　诗化人生

应该说，艺术接近于自然法则，它会为喜爱它的人们铺就一条通往自由的金光大道。但是，严格意义上说，艺术仍然具有一定的外在性和强烈的形式感，换言之，艺术是作为人的外在形式而出现的。艺术还远不能以一种精神性、情感性、意蕴性进入到人的心灵世界之中。我认为，对于一个真正逍遥的人来说，审美人生的更高层次是“诗性”，即一种内在于人心和人情的诗化人生观。

与强调外在世界的美不同，诗化人生重要的是强调心中的

"诗意"，就是说，只要有了"诗心"就可以照亮世界，包括世界的黑暗部分。相反，如果自己的心中是生硬的，是黑暗的，即使温柔的阳光也不能透射进去。西方哲人说"我思故我在"，强调的是"我"和"思"，在这里，我也强调"我"，即以"我"为中心，为辐射点，为光源。但不是"思"，而是"诗"，是那浩瀚而深邃的"诗意"。

那么，怎样理解"我"心中的"诗意"呢？我想它大概可以包括五点：一是美。诗意不可能是丑的，不可能是令人不快的，它集中了世界上所有的美质，换言之，这种诗意美具有理想的、浪漫的色彩。二是深邃。就如同大海，诗意是深幽的、不可限量的，甚至它还具有"道"的性质，不会干竭，永不满溢。三是主体性。这里的诗意不是死水一潭，也不是一种被动物，而是灵活的、具有主动性的，它可以主动与外部世界保持双向贯通。四是生命。诗意与外在世界沟联的通道主要是生命，即生命的流动与感应，这就赋予了诗意以坚实的质感。五是空灵。与那种滞重呆板的事物不同，它轻灵明透，聪敏颖悟，静如处子，动如离弦之箭。打一个比方，诗意就如同一块通灵宝玉，它内涵丰富而又有着极大的灵性。

有了诗心，我们就可以体悟大自然的规律与心情。天地一年四季，春天是繁华的季节；夏天是挥霍的时光；当树叶变黄、干脆，并纷纷向大地飘落，生命就进入了晚秋；而严寒到来，万物将激情收敛起来，在寒风中瑟瑟抖动，这就是冬天了。其实，这种季节的更迭与人生的春夏秋冬何异？生命在自然和人生上实际具有一样的节奏。在自然生命的循环变化中，我们仿佛感到了四季就是一首诗，一首有着成长韵律的和谐的诗。通过“诗心”在发现天地生命蕴含的诗意后，我们就会进入一种更为超拔的境界：天地如人一样有着生命的进程，有生有死，那么，渺小的人的生死还有什么想不开的呢？所以当妻子死后，庄子竟能“鼓盆而歌”，因为在他看来，生与死实在没有什么本质的区别。将死看透了，那还有什么滞碍呢？在诗心的烛照下，自然这首生命之歌还会给人们带来新的启示：既然大自然到了秋天和冬天已不像春夏那样张扬与挥霍，而是将精力与能量积蓄起来，与严冬对抗，那么，人也该如此，在生命的晚年，人重要的已不是努力地去创造与付出，而是休养与保存，以宁静的智慧和从容的风度安享时光与岁月。假如人们都能以诗心去体会自然的生命节律，那么，人类就会变得潇洒从容起来，超越各种束缚。

通过诗心，人们也可以感受大自然的生命力，并将这种生命力与自身的生命接通，那么，个体就会感到自己的生命的强大。试想一下，当我们看到一树绿叶时，不再熟视无睹，而是用诗心去体会它。当诗心与绿叶的生命接通，意念中的生命就会顺着树叶的脉络汩汩流出，直流入你的身体之中。此时的人就好像一个气球，正在接受大自然的“充电”。可以设想，在与大自然接通时，人不仅在为生命“充电”，同时也在进行精神“充电”。前面说的苏东坡“吸食阳光”，我认为这就是一种以“诗心”与大自然接通之后的“充电”。

人还可以用诗心从自然中直接感受逍遥精神。比如地球，它是沉重的，在它的身上有无数的群山、大地、河流、房屋、树林、人类和其他动物，还有无边的大海。然而，在茫茫天宇中，地球又是那么微不足道，可能就如同一个人在这个地球上一样微不足道。更有意思的是，地球悬浮在宇宙中，靠与其他星球的相互吸引和制衡而存在，就像是空气中的一个气球。从这个意义上说，地球又有其空灵和逍遥的一面。体会到这一点，人就会马上轻松起来：对比地球，人再苦再累也没有地球的负担重、压力大，但沉重的地球却能潇洒自在地漂浮在广大的天宇中，那么自信，那么从容不迫，那我们人类为什么就不能逍遥自适呢？我们还可以想到水中之鱼，天上的小鸟和雄鹰，这些动物都是那么无拘无束和悠闲，而人类却被束缚住了，心灵僵化坚硬。即使与秋风中的一片树叶、天空中飞翔的鸽子相比，人生也是太沉重了，太悲苦了。

概括来说，人以诗心去体验大自然逍遥精神的时候，实际上有两个基本立足点：一是动，一是静。前者是灵动，是飞翔，这不仅仅表现在空中的飞禽、地上的走兽、水中的游鱼，也表现在天上的白云、山间的瀑布、大地上的河水，还表现在袅袅而起的烟雾、风中的柳枝、飘浮的花絮、流转的光影，通过感悟自然的这些事物，人们就会获得超出凡俗世界的一种精神、感情和灵性，而不至于受到阻碍；后者是宁静，是坚守，当世俗人心都变得浮躁，没有了根本，人就会随波而逐流，行无定止，那也是一种阻碍。从这个意义上说，坚守自己，保持本性，做到八风不动、安如泰山，这也是一种逍遥的境界。比如山，它以“不动”作为自己的信念，世事沧桑，人情变移，而它却总是默默的，深怀着一腔幽情，体恤与悲悯着这个世界与这个世界上的芸芸众生。树也是如此，它哪怕是生长在喧闹的市区，在人声鼎沸的热浪里，也从不烦躁、随俗，而是以自己的本分与心性为这个世界遮风避雨、吸附尘埃，带去绿荫与氧气。再如龟，它以静制动，从不追风，也从不追赶潮头，在令人难以置信的定力中充分“脱俗”。所以，它以自己的“缓慢”与这个世界的“迅速”对峙。也许哪一天，人类会发现原来龟的身上包含着生命和人类发展的更多内涵。我想，人类如何在“缓慢”和“静”中充分体验人生“超凡脱俗”的境界，与在“动”中获得的体验同样重要。但是，不管“动”也好，“静”也罢，实际上都离不开自然之“道”，都被包容在天地之“心”和天地之“道”中。因为天地之“心”和“道”就是不要失了本心与本性。换言之，不被世俗污浊染指，即可免俗，从而达到超然的境界。

在中国文化中真正具有诗化人生精神的，恐怕主要还是佛道二途。在佛道看来，不管这个世界以怎样的形态出现，我都以“吾心”来从容对待。在佛教中最具诗心的代表人物可能要算慧能禅师了。他以顿悟为立足点，不立文字，一心通灵，对万事万物都达到了“道”的认识。比如，他提出“一行三昧”，即不论行、住、坐、卧，都按自己的本性真心行事。就如《维摩经》所言，“直心是道场”，“直心是净土”。如果心行谄曲，不行直心，就不是佛家弟子。在慧能看来：“道须流通，何以却滞？心不住法，道即流通，心若住法，名为自缚。”显然，这里强调的是心念不可停留在外部事物，而必须达到内心。如果自己的心不在任何事情上停留，那它就没有束缚了。此外，慧能要求心地通明，了无挂碍。他说：“一灯能除千年暗，一智能灭万年愚。”这就是说，一个人心中要永远保持“诗意”的光辉。对静心、清心，慧能也有自己独特的理解。他不同意心灵的宁静和洁净要借助于外物来达到，而主张每个人的心本然都是干净而平静的，只是因为受到外在的污染和干扰才变得浮躁，只要人们保持本心自然就可以成佛。这是很有道理的。这就是慧能有名的“直指人心，见性成佛”。

陶渊明和苏东坡二人更多受到道家文化的影响，他们都有着其心融融、自得其乐的性情，所以，无论发生什么事情，他们都能够通过心灵的调适去化解。苏东坡曾说自己最崇拜的是陶渊明，而陶渊明和苏东坡也是林语堂最为喜爱和尊崇的人。林语堂曾在《生活的艺术》中专列一章讨论陶渊明，还为苏东坡写了一本感情至纯至真的《苏东坡传》。林语堂作为道教文化的崇拜者，他也有一颗透明的诗心，他对天地之心的感悟非常独特。我们读林语堂的作品，仿佛感到他的诗心与天地融为一体，并化作了天地之精魂。只是与陶渊明的平淡不同，林语堂的心中饱含着感情，这一点比较接近苏东坡。林语堂是这样感悟天地、自然和生命的：

> 无论国家和个人的生命，都会达到一个早秋精神弥漫的时期，翠绿夹着黄褐，悲哀夹着欢乐，希望夹着追忆。到了生命的某一个时期，春日的纯真已成回忆，夏日的繁茂余音袅袅，我们瞻望生命，问题已不在于如何成长，而在于如何真诚度日；不在于拼命奋斗，而在于享受仅余的宝贵光阴；不在于如何花费精力，而在于如何贮藏，等待眼前的冬天。自觉已到达某一境地，安下心来，找到自己

追求的目标。也自觉有了某一种成就，比起往日的灿烂显得微不足道，却值得珍惜，宛如一座失去夏日光彩的秋林，能保持经久的风貌。①

我喜欢春天，可它过于稚嫩；我喜欢夏天，可它过于骄矜。因而我最喜欢秋天，喜欢它金黄的树叶、圆润的格调和斑斓的色彩。它带着感伤，也带着死亡的预兆。秋天的金碧辉煌所展示的不是春天的单纯，也不是夏天的伟力，而是接近高迈之年的老成和良知——明白人生有限因而知足。这种“生也有涯”的感知与精深博大的经验变幻出多种色彩的调和：绿色代表生命和力量，橘黄代表金玉的内容，紫色代表屈从与死亡。月光铺洒其上，秋天便浮现出沉思而苍白的神情；而当夕阳用绚丽的余晖抚摸她面容的时候，她仍然能够呈现出爽悦的欢笑。初秋时分，凉风瑟瑟，摇落枝叉间片片颤动着的树叶，树叶欢快地舞动着飘向大地。你真不知道这种落叶的歌吟是欣喜的欢唱还是离别的泪歌，因为它是新秋精神的歌吟：镇定、智慧、面熟。②

这是林语堂的诗心，这是一个略带感伤又对生活和生命充满无限热爱的灵魂。在这里，我们看到了与苏东坡比较接近的情怀。与苏东坡不同的是，林语堂没有像苏东坡那样简单概括为警句名言的方式出之，而是用散文化的笔法轻柔而平和地淡出。打

---

① 林语堂：《八十自叙》，第 69 页，北京宝文堂书店，1991 年版。
② 林语堂：《中国人》，第 308—309 页，郝志东、沈益洪译，浙江人民出版社，1988 年版。

一比方，如果苏东坡的诗心如同闪电，给人以强烈的震动，那么林语堂的诗心则如同清水，慢慢地将你渗透，也如同被春光化开的满天飞絮，具有一种无声无息的弥漫和浸透力量。

诗化人生需要灵性，需要驱开世俗云烟走进自然，走入天地之心，还需要与天地之心融为一体，互相感应。事实上，诗化之心就是能够与天地之心共呼吸同命运，从中感悟自然天地的律动，而且随着这节律一起生活。换言之，与自然之“道”一同生生不息。

游戏姿态
——旁观者的生活态度

儒家文化注重“礼”，注重人伦关系的上下等级秩序，君臣、父子、夫妻、师徒等都必须严格遵从这样一套伦理规范，否则就是不忠不孝，就是大逆不道。这种等级关系，长期以来就形成了中国文化和中国人性格中超稳定的特征：正统、认真、守旧和沉静。人们往往都以“天下兴亡，匹夫有责”的主人翁姿态积极参与社会的各项活动，并向权力中心靠拢。这种积极参与的生活态度对社会凝聚力起到很大的作用，但也应该承认它有不少负面作用，比如，过于严肃，过于执着，过于沉闷，从而失去了一种个性独立意识，也失去了一种冷眼旁观、甘作边缘的逍遥精神。中国文化精神的这种缺失主要是由道家和佛家文化进行了补充，才使其生命力不至于枯竭。

一　人生一场戏

对于这个世界的认识，不同的人有着不同的方式，但概括起来不外乎两种：一是乐观式的理想主义，一是悲感式的悲观主义。对前者而言，这个世界处于不断被认识的过程，人类的每一次发现都标志着人类认识的进一步深入，所以，他们认为人类最终一定会解开世界的谜底。后者则认为，人类生活的世界是浩瀚无边的，是不可知的，人类只是这个世界的一个小小的微粒，以有限去感知无限这本身就是不可能的，也是可笑的。

老子说："视之不见，名曰夷；听之不闻，名曰希；搏之不得，名曰微。此三者不可致诘，故混而为一。其上不皦，其下不昧，绳绳兮不可名，复归于无物。是谓无状之状，无物之象，是谓惚恍。"[①]就是说，看不见的叫"夷"，听不见的称"希"，摸不到的叫"微"。道既然不可闻、不可见、不可触，并且不可区分，那它当然不能探求追问了。所以它混沌一体，这个道体，它的上面不明，它的下面不暗，它幽微深邃不可言说，到最后还是归于无物。可称作没有形状又没有实体的形象，也可称它为恍恍惚惚的状态。很显然，在老子看来，这个世界处于混沌的"无"的状态，用"有"去探求"无"是不可能也是不能理解的事情。与此相关，老子的结论是"道可道，非常道"。庄子在此与老子的见解是一致的，只是他说得更具象。庄子说："一与言为二，

① 《道德经》第十四，《诸子集成》，上海书店，1994年版。

二与一为三。自此以往，巧历不能得，而况其凡乎？”[①]意思是说：将一分为二，将二中的一再分成二，如此这般分下去，精细的数算家也不能分清楚，况且常人呢？在庄子看来，将一段木棍先分为两截，将两截中的一截再分为两段，如此分下去将永远也不能穷尽。所以，庄子得出了与老子相同的结论，即以人之有限是不可能穷尽宇宙的无限的。

在与天地的比较中，中国人很早就认识到人在这个世界上的渺小和无奈。他们敏锐地感到人的生命太短暂了，与天地的事物相比，人不过是时间长河的一瞬而已。庄子说，楚之南有冥灵，它以五百岁为春而以五百岁为秋；上古时有一种大椿树，以八千岁为春而以八千岁为秋，这都是大年。然而，人的寿命却短得多，古人传说彭祖活了八百岁，恐非事实，而人大多数长命不过百岁。可见，人的生命具有本质的悲剧性。曹操曾感叹人生的短暂，他说：“对酒当歌，人生几何！譬如朝露，去日苦多。”[②]意思是说：与良朋一起一边喝酒，一边唱歌，感到人生是多么短暂啊！人生就如同那早晨的露水一样，过去的时光里不如愿的事太多了。在《秋胡行》中曹操还反复吟咏“天地何长久，人生何居短”的感叹。唐朝的王梵志在《世无百年人》一诗中也说：“世无百年人，强作千年调。打铁作门限，鬼见拍手笑。”人生短暂而世人却强为行事，连鬼见了这一荒唐行为都感到非常可笑。李白将短暂的一生比成“朝如青丝暮成雪”，就是说自己的

---

① 郭庆藩：《庄子集释·齐物论》，中华书局，1995年版。
② 曹操：《短歌行》，《曹操集》，中华书局，1974年版。

头发早晨还是黑的，到了晚上就变得雪白了。南宋爱国将领岳飞在《满江红》一词中也写道“莫等闲，白了少年头，空悲切”，表达了人生不再、切勿让时间空流的急切心情。《红楼梦》写人生如梦，万事皆空。偌大一个大观园刚才还是繁花似锦、争艳斗奇，转眼间就变得人尽楼空、一片凋零。当道人作了一首《好了歌》后，甄士隐为之做了解说，充分表现了作者关于人生“一切皆空”、转眼即逝的思想。甄士隐是这样说的：

> 陋室空堂，当年笏满床；衰草枯杨，曾为歌舞场。蛛丝儿结满雕梁，绿纱今又糊在蓬窗上。说什么脂正浓、粉正香，如何两鬓又成霜？昨日黄土陇头送白骨，今宵红灯帐底卧鸳鸯。金满箱，银满箱，展眼乞丐人皆谤。正叹他人命不长，那知自己归来丧！训有方，保不定日后作强梁。择膏粱，谁承望流落在烟花巷！①

这首诗道出了人生之短暂，人生之变幻不定。生与死、贫与富、辉煌与衰落、青春与衰老等，转换都是一瞬间的事情。林语堂曾说：“人类对于人生悲剧的意识，是由于青春消逝的悲剧的感觉而来，而对人生的那种微妙的深情，是由于一种对昨开今谢的花朵的深情而产生的。”②“理智告诉我们，我们的生命就像风中的残烛，寿命使大家平等如一。”③这种对生命本身短暂的

① 曹雪芹：《红楼梦》第一回，人民文学出版社，1985 年版。
② 林语堂：《生活的艺术》，东北师范大学出版社，1994 年版。
③ 林语堂：《八十自叙》，第 71 页，北京宝文堂书店，1991 年版。

认识使人们有一种强烈的悲剧体验。人在这个世界上只不过是过眼云烟，他与朝生暮死的朝菌，与只知有夏而不知有冬的虫子，在生命的短暂这一点上并无多少区别。可以说，对生命的这种伤感是人们往往取游戏姿态的一个前提。

舞台小世界，世界大舞台，这是中国人感受生命悲剧性的又一方式。因为中国戏剧的一套程式都是虚拟的，或者说都是假的，用戏剧的假来表现现实的真，从而使现实生活得到艺术的升华。在悲观主义者看来，世界就是一个舞台，人人都要粉墨登场，而一会儿他又不得不走下舞台。明代作家屠隆在剧作《昙花记》自序中写道："世间万物皆假，戏文假中之假也。从假中之假而悟诸缘皆假，则戏有益无损。"意思是说，世界上的万事万物都是假的，而戏文则是假中又假的。从这假中之假里可以悟到一切缘分都是假的，这样，戏对人来说就是有益无害的。在屠隆看来，世间、人生和戏文都是假的，都具有舞台性、表演性和荒诞性。所谓舞台性，主要是指世间和人生的循环性质。对每一个人来说，来到世间，他们都要在人生这个舞台上走过一遭，人来人往，自古及今，循环往复，你死我生，你上我下，人生可不就是一个"舞台"？而不同的人都要在人生这个舞台上表演一番，正角也好，丑角也罢，在今人看来，过往的人物多么像他们自己的扮相啊！一本本古书翻过，一个个角色走过，真正有过眼云烟之感。所谓荒诞性，是指人生本质上的无意义。比如人的衣、食、住、行都令人费解。一日三餐，每日必眠，两腿不停地行走，对这些简单的问题即便是哲学家也难以做出正确的解释。还有生与死、爱与恨、得与失等，都具有相当的荒诞性。其实，不管怎么说，人的一切至今仍是一个谜。在《红楼梦》第一回中，作者用甄士隐的话说："因嫌纱帽小，致使锁枷扛；昨怜破袄寒，今嫌紫蟒长。乱烘烘，你方唱罢我登场，反认他乡是故乡。甚荒唐，到头来都是为他人作嫁衣裳。"[①]显然，"乱烘烘，你方唱罢我登场"，多么形象地描绘了人生的戏剧性质。林语堂也认为人生酷似一场滑稽剧，他说过：生活是一场大闹剧，个人不过是其中的玩偶。所以林语堂觉得，人生的关键不在于成败与得失，只要"他在那人生舞台闭幕时，也应该可以心满意足地由座位立起来，说一声'这是一出好戏'而走开吧"[②]。

更应注意的是，短暂的人生还要受到各种各样的束缚与制约，不可能按照自己的意愿去生活。自然灾害、战争、凶杀、疾病等无时不在夺去人的生命，从而使人更缺乏安全感。从战争一项来说，中国历史上几乎没有停止过。一是御外，即抗击入侵之敌；二是内战，即本民族的人自相残杀。春秋战国时期，各小国争霸，到秦始皇时统一中国，这期间造成了多少人生惨相？汉末诸雄蜂起，相互侵吞，直至三国魏晋南北朝，整个中国还是一片硝烟。隋、唐、宋、辽、金、元、明、清，哪一时代不是浴在血海之中，人的生生死死又何足挂齿？曹操曾作《蒿里行》，其中有这样的句子："铠甲生虮虱，万姓以死亡。白骨露于野，千里无鸡鸣。生民百遗一，念之断人肠。"[③]这首诗是说，因为战争

---

① 曹雪芹：《红楼梦》第一回，人民文学出版社，1985 年版。
② 林语堂：《生活的艺术》，东北师范大学出版社，1994 年版。
③ 曹操：《蒿里行》，《曹操集》，中华书局，1974 年版。

连年不断，将士身上的铠甲都生了虮虫，百姓的尸骨堆积如山，白骨散落在山野里，千里之内竟听不到鸡叫。老百姓能够活下来的，百人也剩不下一人，想起这些怎能不让人肝肠寸断呢？杜甫是个身遭国难、生于乱世的诗人，他以自己悲悯的诗情道出了战争的残酷、官吏的贪婪和百姓的穷困。他的一声声、一号号，都关系生民之多艰、人生之悲苦，读来如听杜鹃啼血、猿啼深山。杜甫的《垂老别》这样写道：

> 四郊未宁静，垂老不得安。子孙阵亡尽，焉用身独完。投杖出门去，同行为辛酸。幸有牙齿存，所悲骨髓干。男儿既介胄，长揖别上官。老妻卧路啼，岁暮衣裳单。孰知是死别，且复伤其寒。此去必不归，还闻劝加餐。土门壁甚坚，杏园度亦难。势异邺城下，纵死时犹宽。人生有离合，岂择衰老端。忆昔少壮日，迟回竟长叹。万国尽征戍，烽火被冈峦。积尸草木腥，流血川原丹。何乡为乐土，安敢尚盘桓。弃绝蓬室居，塌然摧肺肝。

这是多么惨烈的一幕！到处都被战争烟云所笼罩，年轻人都战死了，老人不得不参战。明知一上战场，此身必葬荒野，永无生还，老夫老妻生离死别，其心也哀，其情也悲，可感天地，可泣鬼神。后来，到民国，军阀混战，全国一片杀声。日本侵略中国，更是国将不国、民不聊生，仅南京大屠杀一次，日本就杀死中国军民数十万人！可以说，中国有着悠久的历史，但同时也是一个多灾多难的民族，就如同在苦难中成长起来的穷家子弟。多少英雄志士在战争中英年早逝，壮志未酬，这就为人生的悲剧性又增添了浓浓的一笔。

人，作为个体，他在这个世界上是无足轻重的，不论富人也好，穷人也罢，不管是官也好，良民也罢，他都如同草芥一样生生死死，无论如何也改变不了这一悲剧的命运。人类在这一点上是平等的。认识到了这一点，许多人就不再过于执着于人生，而是努力克服在这个世界上的悲剧性，以一种逍遥自适的态度去生活。

二　摆脱世俗羁绊

现实社会的稳定与安宁除了依靠国家的法律规范外，一个很重要的制约因素就是世俗道德。约定俗成的道德有时甚至比法律更具有内在力量。然而，当道德被固定化、国家化后，它却具有相当大的破坏力量，它直接压抑了人的个性和自由的发挥，将人完全捆绑在国家的“战车”上。所以，李贽坚决反对封建道德。鲁迅曾概括说：礼教吃人。周作人和林语堂都对道学气大加谴责，林语堂甚至称“道学气”为“方巾气”，欲以冷猪肉掼之打之，可见对其鄙视之程度。在中国历史上，一直有那么一些人不愿意顺从既定的道德，而是对其采取一种敌对的态度，并按照自然的天性去行事，有时竟发展到怪诞、纵情的地步。

最早不同于孔子社会道德人伦观的可能要算老子和庄子吧。孔子曾问道于老子，老子向孔子阐述了自然之“大道”的重要性。庄子则常常批评孔子失于“道”，从而倡导一种更近乎自然的人生态度。因为追求自然，所以老子、庄子与社会和社会道德保持相当大的距离。老子后来不愿做官，而是骑青牛西去。庄子在妻子死的时候，不仅不悲伤，反而“鼓盆而歌”，不以世俗道德为念。

到汉高祖刘邦时，他对儒家道德的反对已不像老庄那样温和与委婉，而是采取非常激烈的态度。刘邦得国前一直讨厌儒生，更不顾礼法，常常表之于言、动之于行，有时令儒生狼狈不堪、无地自容。比如，他曾将儒生的帽子放在地上并往上面撒尿，可见其狂狷之至！郦食其作为儒生要见刘邦，刘邦听说他是儒生，不愿意见他。郦食其也知道刘邦的喜好，不穿儒服，而是改换了装束去见刘邦。刘邦故意坐在床上不起来，让两个女子为他洗脚，表现得非常傲慢。而郦食其知道刘邦的性情与喜爱，竟“不拜”，只是“长揖”，并不客气地说：“足下必欲诛无道秦，不宜踞见长者。”面对如此无礼的举动，刘邦不仅不恼火，反而高兴起来，《史记》载：“于是沛公起，摄衣谢之，延上座。”[①]这与刚才的傲慢无礼判若两人。这主要是因为郦食其知道刘邦讨厌儒生，不喜其多礼、卑恭与酸气，而喜爱任性任情、我行我素，所以，郦食其才投其所好，表现出傲然于世的性格。在与项羽交战两兵相持不下之时，项羽捉住刘邦的父亲，并以杀死刘邦父亲为由要挟刘邦，而刘邦并不为其所动，竟然对项羽说：我父就是你父，杀我父就等于杀你父，你尽管杀，还可以将他煮着吃了，但不要忘了最后分我一碗汤喝。这里不仅仅反映了刘邦的无赖性格，也反映了刘邦蔑视“礼法”的放达性情。还有一次，刘邦在战斗中为流矢射中，伤得很重，吕后为他找来名医。当刘邦

① 司马迁：《史记·高祖本纪第八》，中华书局，1989年版。

问医生时，医生说病可治好。而刘邦则对医生大加谩骂，并说："吾以布衣提三尺剑取天下，此非天命乎？命乃在天，虽扁鹊何益！"[①]于是坚决不治病，赐医生五十金罢了。就刘邦来说，由于他不拘礼法，放诞任情，所以他才能不拘一格地任用人才，他才能避免许多限制，而进入比较自由的状态。

魏晋是中国历史上文人比较放任自由的时代，也是对儒家道德最鄙视最无礼的时代。这个时期的哲学家、思想家、文学家和艺术家大都信奉老庄道家思想，崇信自然，追求自由与个性。一时间，魏晋名士游山玩水，会集楼亭，赋诗作画，饮酒畅谈，听曲高歌，一派天然景象。更有甚者，一些放达之士视旧礼法为粪土，视官场为染坊，狂怪放纵，一任己性，这在中国历史上可以说是前无古人后无来者的壮举。《晋书》《世说新语》等著作比较集中地反映了魏晋人士的放诞风流。

阮籍和嵇康是比较有代表性的狂傲之士，他们酷爱自由，反对礼教，常常言人所未言，做人所未做之事。史载，阮籍说："籍容貌瑰杰，志气宏放，傲然独得，任性不羁，而喜怒不形于色。或闭户视书，累月不出；或登临山水，经日忘归。博览群籍，尤好庄老。嗜酒能啸，善弹琴。当其得意，忽忘形骸。时人多谓之痴。"显然，阮籍是一个崇信老庄、不遵礼法、我行我素的人。有一次，文帝想为武帝向阮籍求婚，结果阮籍竟能长醉六十天，钟会好几次想借故向阮籍问事，不管阮籍说可与不可都要降罪于他，而阮籍也因醉而得免。文帝执政后，阮籍参政。有

---

① 司马迁：《史记·高祖本纪第八》，中华书局，1989年版。

一次，有司说某人杀母，阮籍听后说：“杀父亲还可理解，怎么能杀母亲！”人们对他的话都感到不解，连文帝也是一样。而阮籍却解释说：禽兽知道母亲不知道父亲，杀父亲属于禽兽行为，而杀母亲则连禽兽也不如了。可见阮籍言语之怪。史书还记载，阮籍的母亲死了，阮籍不守礼数，饮酒二斗，“举声一号，吐血数升”。他还在母亲灵前“散发箕踞，醉而直视”。另外，阮籍还能做出青白眼，看到礼俗之士，他往往用白眼看他，令人十分难堪。阮籍还不避礼俗，曾经在嫂子出门时与她话别。别人都讥笑他，他竟声言说：“礼岂为我设邪！”[①]这仿佛是宣言书，它直指俗礼，而一意率性而为，尽情尽兴而已！更有甚者，阮籍在《大人先生传》中将遵守礼法的“君子”嘲笑为钻入裤裆里的“虱子。他说：世人所谓君子，“唯法是修，为礼是克。手执珪璧，足履绳墨。……独不见夫虱之处于裈中，逃乎深缝，匿乎坏絮，自以为吉宅也。行不敢离缝际，动不敢出裈裆，自以为得绳墨也”。

嵇康也是当时喜好老庄、天质自然、厌恶礼法的名士。他倡导“越名教而任自然”，“君子行事，忘其无身”，“采薇山阿，散发岩岫，永啸长吟”的生活准则。史载，有一次，嵇康在家中，钟会前来，嵇康不执礼节，照常干自己的事情。钟会要告辞，嵇康竟然这样问钟会：“何所闻而来？何所见而去？”意思是说：你听到了什么而来我这里？你看到了什么而要离去？语气多么傲慢。作为有权有势有辩才的钟会如何能高兴？但嵇康对此

---

① 《晋书》卷四十九，列传第十九。

并不在意。

魏晋时，刘伶也是有名的放情肆志者。史载，刘伶常常坐着鹿车，手里拿着一壶酒出游，还让人拿着锄头在后面跟着，并对他说："我死在哪里就把我埋在哪里。"他的放浪形骸竟至于此。刘伶大醉，常常与人对骂，人家举拳要打他，他就笑着说，像我这样如鸡肋一样精瘦的人，哪里能承受得了你的尊拳？打他的人听了这话，转怒为笑，也就不打他了。因为刘伶主张无为而治，不被重用，最后以寿终。

至唐代，又出现了几位无视礼法、狂妄率真的"狂徒"。如贺知章，他性情开朗，豪放不羁，晚年在自家的房舍上题写"羽化登仙"几个大字。他与狂放的李白一拍即合，二人结为知己。有一年，李白到长安，那时贺知章已 80 多岁，而且身居高官要职，但他仍屈礼以让李白，还用自己佩带的金龟换酒款待李白，令李白受宠若惊。李白曾写下诗一首，表达自己与贺知章一见如故的兴奋之情。诗中写道："四明有狂客，风流贺季真，长安一相见，呼我'谪仙人'。昔好杯中物，翻为松下尘。金龟换酒处，却忆泪沾巾。"[①]极力赞扬贺知章的豪情狂放、重情重义、不拘俗礼。其实，李白的诗与其为人又何尝不是"傲然世外，与天地同在"呢？李白曾作《嘲鲁儒》对过于拘泥礼法的君子给予了辛辣的嘲讽，其中有"鲁叟谈《五经》，白发死章句"，更表达了他对腐儒的鄙视。另外，贺知章与被称为书法"草圣"和"张颠"的张旭也是忘年之交。宋代施宿曾在《会稽志》中说：

① 李白：《对酒忆贺监二首》，王琦注：《李太白全集》。

“贺知章尝与张旭游于人间，凡见人家厅馆墙壁及屏障，忽忘机兴发，落笔数行，如虫篆鸟飞，虽古之张、索不如也。”贺、张二人的无视礼数、我行我素的神态被表现得淋漓尽致。

五代时的杨凝式相貌丑陋，身材矮小，他曾以心痛病为由辞职去官，人称他为“杨疯子”。史称杨凝式“恣其狂逸，多所干忤”，而“末帝以其才名，优容之。”[①]另据史载，杨凝式好游道观，遇有山水名胜，往往流连忘返，见墙壁则援笔而书，一边吟咏一边歌唱，常常到了得意忘形的地步。有一次，杨凝式穷困潦倒，无钱买过冬棉衣，而寒天将至，这时正巧远方的朋友路过他这里，赠钱给物。然而，杨凝式却将这些钱物都留给了寺院。留守听到这件事，乃将米粮和自制衣物送给他。杨凝式竟说，他原来就知道留守肯定会周济他。听来令人好笑。最能见出杨凝式佯狂的是这样一件事。一天早晨，仆人问他到哪里去。杨凝式说：向东去游广爱寺为好。仆人说：不如向西游石壁寺为好。杨凝式举起鞭子说：先游广爱寺。走了一段路后，杨凝式又对仆人说：你往哪里去？仆人不解。杨说：还是向西游石壁寺为好。听到杨的话，人们都捧腹大笑。正因为这样，人们知道杨凝式是故意纵诞而为，所以有“杨疯子”的称号。

在之后的宋、元、明、清等朝代，无视世俗礼法的人也大有人在。较为著名者要算米芾、济公、祝允明、徐渭、朱耷、郑板桥、齐白石、鲁迅等人。以徐渭为例，他一生坎坷，多灾多难，虽才高八斗、学富五车，却不被重用，这就养成了他狂狷任性、

---

① 《旧五代史》卷一二八。

蔑视世俗道德的性格。袁宏道曾这样评价徐渭说：

> 文长既已不得志于有司，遂乃放浪曲蘖，恣情山水，走齐鲁燕赵之地，穷览朔漠，其所见山奔海立，沙起云行，风鸣树偃，幽谷大都，人物鱼鸟，一切可惊可愕之状，一一皆达之于诗。……喜作书，笔意奔放如其诗，苍劲中姿媚跃出。①

由此可见徐渭的才情。徐渭有洁癖，尤其喜爱在别人穿的白色衣服上画画作诗，他见人着新白衣衫，常常不征得同意即挥洒自如，其书画、诗作有惊天动地的艺术魅力。也正因此，为得徐渭墨宝，有的人竟特意穿素洁衣衫找到徐渭，这样他们往往会如愿以偿。

应该说，中国的世俗社会力量太强大了。鲁迅曾说，在中国要做事太困难了，搬动一张桌子，从A点到B点，就要流血，而且，即使流血也未必能搬得动。礼教看似来无影、去无踪，然而，它却无所不在，时时刻刻成为人们外在和内在的束缚。鲁迅笔下的祥林嫂等都是旧道德的牺牲品，所以，鲁迅一针见血地指出：封建制度以礼教杀人！然而，在中国历史上，总有一些人能够无视已经僵化的道德和礼教，而以率性自然的人生态度冲破束缚，追求个性与自由。这种追求不仅是对封建道德礼法的打击，更重要的是，他们能避开各种各样的世俗纠缠，使自己从世俗人生中超拔出来，保持自己人格的独立与完整。虽然有的因与邪恶

---

① 袁宏道：《徐文长传》，《袁中郎全集》，世界书局，1936年版。

对抗而身陷囹圄，甚至自愿就死，有的因过于高尚而曲高和寡，有的因生活坎坷而内心痛苦，但他们不阿谀、不奉迎，保持节操，心地洁净如荷花上的露水，心有鸿鹄之志，与云霞同飞，为世世代代所仰慕。

鲁迅曾言："横眉冷对千夫指，俯首甘为孺子牛。"对一切旧势力，一个正直高尚的人，都应该以"我以我血荐轩辕"的态度和精神去面对，而决不能与之同流合污。只有这样，才能获得一种超凡脱俗的力量。

三　幽默的境界

老子曾说："物壮则老。"[①]意思是说，事物都是经由强壮而转为老化的，所以，强壮不如柔弱那样长久，它易折易断，就如同秋风可以令"劲草"断折，但不会使"春柳"有毁。就如同牙齿和舌头的关系，牙齿虽强硬，但因为它与食物是直接对抗的方式，所以易损；而舌头虽软，但因它对食物是采取柔性的态度，所以人亡齿落而舌头却完好无损。从此角度来看，可以说，对这个世界采取强硬的对抗方式是极其危险的，它不仅使自己的心性变得焦虑和暴躁，而且极易形成敌对力量，严重者还会惨遭杀戮，就如同嵇康那样。鲁迅说过，他深切感受到自己身处一种极其危险的境地，既要防止前面的明枪，又不得不警惕后面的暗箭，所以，只得侧身而行。由此可见，鲁迅式的人生在愤世嫉

① 《道德经》第五十五，《诸子集成》，上海书店，1994年版。

俗、超脱自为的同时，又有不能超脱的一面。在超脱过程中，还有一种柔和处世的生活态度，它比与世界直接对抗更为含蓄，也更为成熟一些，这里指的就是幽默。

幽默与愤世嫉俗一样，也是一种超然物外的生活态度。换言之，是以旁观者和局外人的态度来看待自己周围的人和事，“不介入”即为超脱。但与愤世嫉俗不同的是，幽默表现得更智慧、更委婉、更快乐。

幽默的境界，首先表现出一种自信和智慧，一种对所处环境宏观的机敏的把握和控御能力。这需要才、识、气、胆、趣等多种素质，即具有一种纵观全局、超凡脱俗而又机智灵趣的大将风度。

比如汉武帝时，东方朔博学多识、机智有趣又幽默诙谐。有一次，宫中出现一种形状如麋鹿的动物，大家都不知它是何种动物。武帝问诸臣，大家都说不知道。而东方朔却说他知道。但他并没有马上告诉武帝，而是说，如果皇帝赐给他美酒粱饭他才能说。于是武帝答应了。酒足饭饱之后，东方朔又提出，让皇帝赐他公田、鱼池、蒲苇数顷，他才能说。武帝又答应了他。在这种情况下，东方朔才说，这种动物叫驺牙，它的出现表示远方当有前来归顺者。果然，一年后，匈奴有十万众来投降。因为所言得到应验，所以东方先生又得到厚赐。如果换了别人，那可能是一本正经、唯唯诺诺地禀告皇帝，东方朔却以“幽默”出之，从中可见他的博学，更可见他的超凡脱俗。东方朔还说过，别人都是“避世于深山中”，而他却是“避世于朝廷间者也”。由此更可看出他非同常人的人生态度。确实，人之超脱与否最主要的不是看他是否深居山林，而是看他是否有“仙风道骨”。那些身处山林、心在庙堂的人能够超凡脱俗固然不易，而如东方朔身在庙堂，心却清远，不入凡俗，一身正气，超拔于物外，这就更加困难了。

幽默的境界还表现在对现世人生的深切理解与感悟上，表现在一种不争的容让态度上。在许多幽默者看来，这个世界与人生是悲剧性的，人是无法与之直接对抗的。太阳高居天空直接将它的光泽普照众生，地球昼夜旋转从无止息，春夏秋冬每年顺次更迭，这些都是人力难以改变的。人重要的是去认识它、理解它、顺应它，而不是去改变它。从这个意义上说，与天斗与地斗与人斗，这其中就包含着一种不明智。对恶与强权的看法亦然。因为它们都是与自然之道相背离的，最终总会自行其果。越是强烈地反对自然之道，它的毁灭就会越迅速、越彻底。基于这种明确的认识，幽默的人对许多事情往往不是采取直接对抗的方式，而是态度比较温和，或一笑了之，或语气宽容，或绵里藏针。这种态度绝不是屈原式的剑拔弩张，而是很内在的，很留有余地的。

林语堂曾写过《论政治病》一文，作品处处闪现着幽默，令人会心微笑，使人有轻松自由之感。其中有这样一段话：“闲语不提，总而言之，我们政府中比世界任何政府中较多闭结、脚气、肺痨、涛漏、神经衰弱、肚肠传染、膀胱发炎、肾部过劳、脾胃亏损、肝部生癌、血管硬化、脑汁糊涂的人物，人人在鞠躬尽瘁为国捐躯带病办公，人人皮包里公文中夹杂一张医生验症书，等待相当时机，人人将此病症书昭示记者，赶夜车来沪，进沪西上海疗养院‘养疴’去。疗养院的外国医生哪里知道，那早经传染的脏腑及富于细菌的尿道，是他们政治上斗争的武器及失败后撒娇的仙方。”[①]这里，林语堂显然是讥讽国民党要员的，但他没有采取剑拔弩张的方式，而是游离出来，“幽”他们一“默”，有回味无穷的乐趣和内蕴。可以说，这是林语堂以幽默的方式达到的自由状态。

从老庄的“不争”哲学来看，任何一方，一旦争执就必然会抱一己成见，难得公正。因为，这个世界本身就是一个难解之谜。得鱼必忘筌，言尽而意难穷。所以老子说：“道可道，非常道。”庄子提出：“夫知者不言，言者不知，故圣人行不言之教。”[②]林语堂也深知老庄哲学的精髓，故能写出这样幽默的文章。林语堂曾在解释《庄子·内篇》第二章《齐物论》时说：“看破生死，所以能忘去年岁的长短；看透是非，所以能忘掉是非的名义。由此方能遨游于无穷的空间，寄托心灵于无穷的境界。”[③]没有对世界人生的本质的彻悟，是难以达到幽默的境界的。幽默的生活方式，可以避免无谓的争执，从纷繁的人事中解脱出来，更可使自己的精神处于无碍状态，身轻心静，自由自在。

幽默还是一种心情，一种宠辱皆忘、其乐融融的情怀。得而不以为喜，失而不以为忧。其实，幽默的心情是欢乐的、无拘无碍的，是可以融化万物的，就如同柔和的阳光可以消融冰雪一样。孔子在一般人的眼中是一个板着面孔的君子，其实不然，孔

① 林语堂：《论政治病》，《论语》三卷二十七期，1933年10月16日。
② 郭庆藩：《庄子集释·知北游》，中华书局，1995年版。
③ 林语堂：《老子的智慧》，第49页，东北师范大学出版社，1994年版。

子是一个极其和蔼可亲的人。只要看看他与弟子们的对答，那种循循善诱、温色可餐的态度，就可证明孔子的心情与境界。当今的教师与学生很少有这么平等的对话了。有一次，因为孔子带着弟子周游列国到处碰壁，所以搞得很狼狈。当学生告诉孔子有人骂他“如丧家之犬”时，孔子不仅没有愤怒，反而连连点头说：“是的，我确实如丧家之犬。”这种心境人们是很难达到的。因为闲居没有事情做，孔子还说过这样的话：“我总该找个差事。否则我岂不成了墙上的一个葫芦，只挂着不吃饭？”还有一次，他说：“沽之哉，沽之哉，我待贾者也。”意思是说：卖了，卖了，我是等着有人来买我的。这真是纯熟的幽默，一种永葆快乐的心情，苦乐之中均能透出融融的平和与逍遥的精神。

史载：“庄子将死，弟子欲厚葬之。庄子曰：‘吾以天地为棺椁，以日月为连璧，星辰为珠玑，万物为赍送。吾葬具岂不备邪？何以加此！’弟子曰：‘吾恐乌鸢之食夫子也。’庄子曰：‘在上为乌鸢食，在下为蝼蚁食，夺彼与此，何其偏也！’”[①]意思是说，在庄子快死的时候，弟子们商议要为老师厚葬，而庄子却说：我以天地为棺材，用日月当璧玉，用星辰作珠玑，让万物来送葬，我的葬品不是都准备好了吗？为什么还要准备呢？弟子们说，如果不好好埋葬，我们担心老师会被老鹰吃掉。庄子却说：在天上被鹰食，而在地下则被蚂蚁吃。从鹰嘴里夺下来又送到蚂蚁口里，你们不是太偏心了吗？这是多么幽默的对话，从中可以看出庄子的心胸多么广大，他的心情永远是快乐的、没有羁

---

① 郭庆藩：《庄子集释·列御寇》，中华书局，1995年版。

绊的，就好像天上的风一样，什么东西能够阻挡它呢？

陶渊明的幽默也达到了任情自然、温柔敦厚的境界。他的“采菊东篱下，悠然见南山”就是很好的幽默诗。陶渊明放弃了官场生涯，甘心隐居，与农夫一起耕作、生活。他的生活中有许多幽默的事情，足可见出其平淡、自然、闲适的心怀。陶渊明是一个不愿意与人来往的人，然而他天性嗜酒，只要见到酒，即使不认识主人是谁，他也安然入座，一同喝起酒来。有时，他身为主人，自己喝醉了，便对客人说：我醉了想睡觉，卿可自去。陶渊明还有一张无弦的琴，在心情很好的时候，就悠然地弹起来，虽然无弦，但在陶氏看来，却能乐在其中。他说：“但识琴中趣，何劳弦上声？”这真是幽默极了，快乐极了！

幽默常常伴随着发自内心的笑声，它是基于对万事万物的一种通脱的理解和超越精神，在这通脱和笑意中，人的个性和独立精神就会油然升腾起来，从而获得在现世世界难以获得的超凡脱俗的自由。如果说愤世嫉俗主要表现为与世俗礼法直接的对抗，是一种外在化的阳刚的斗争方式，那么，幽默则主要是与世俗社会间接的对峙，是一种内在化的阴柔的超然消解方式。再打个比方，幽默往往是以“原汤化原食”的方式消融世俗人生的隔阂与障碍，从而走向通脱与自由。

四　虚构与闲适的欢愉

人生具有本质的悲剧性，因而，人生的最终目的就不应该是日夜不停的劳作、永无休止的竞技、虚无缥缈的思考、你死我活的拼杀，而应该是好好地生活，充分享受上苍赐给人类的阳光、食物和空气，还有温柔的风、细润的雨、蓝蓝的天、白白的云、丰美的草木和广阔浩瀚的大海。然而今天的人类似乎越来越走上一条歧路，在这条歧路上，人们已经没有时间，也无心去欣赏沿途的美好风光，而只是一味地疾走和奔跑。迄今，人类处于一场拼命的竞赛中，而其目的只是为了谁能主宰这个世界，或者说谁也不想被别人统治，而只想统治他人。也正因此，人类谁也不肯也不敢放松下来，从而处于一场恶性的循环之中。

如果人类能够认识到这种“竞技”文化的愚蠢，认识到它不仅会损人还会灭己，那么，人类就应该回到“正路”上来，即和平共处，充分友善，享受有限的人生欢愉。在此意义上说，人们生产一些生活必需品是必要的，但更多的时间应该是享受，是以闲适的心态度过此生。我认为，生活，真实而饱满的幸福生活才是本质性的，才是人应该追求的目的。

而现实的情况恰恰相反。人们为土地相互残杀，为爱互相仇视，为权力一生劳役，为钱不择手段，甚至为了意气而斗得你死我活。这就是时下人类做的最没有意义的“伟大”事业。人仿佛成了一条耕牛，被穿了鼻子，套上重轭，拖着犁具，日夜在酷暑严冬里劳作，成为一个没有自己、没有个性也没有自由的“奴隶”。人类似乎进入了这样一个怪圈：自己给自己找麻烦，再试图解决它们。植被、水资源、珍奇动物、环境、生育，等等，都是这样。人类是在做先“毁”后“补”的工作。试想，今天人人都喊苦，都嫌累，都处于焦躁、困惑、虚妄与迷顿状态，不能说不与以西方为车头的现代文化有关。按理说，时代发展了，技术发达了，物质生活有了极大的提高，人们的精神与心理也应该得到极大的满足，然而，人们的精神危机却是前所未有的，并且有日益加剧之势。那么，如何才能从现代文化的“泥潭”中抽身而出，保持一份超然呢？我想虚构和闲适的人生追求是非常重要的。

首先，戏剧一人生，乐趣在其中。我们知道，从人们的工作来看，大体可分为两类：一是从事实际性的工作，为人们生产物质必需品；二是从事艺术创作，为人们生产精神产品。在这两者之间，后者显然具有相当的闲适性质。站在这个角度来看，芸芸众生，各操其业，而相当一部分人都在从事一种“戏”的创作，换言之，他们在进行一种“虚构”：演员以舞台的表演为生，作家以作品的虚构为业，书画家以天地之心为师，学者以自己的理想为先导，等等。他们一生中都在“演戏”，因为他们知道他们的虚构更重要的是一种人生观，一种生活方式，一种超脱世俗的境界。

梅兰芳的一生都在表演，他的生命花朵大多是在舞台上盛开的，只要走上舞台，他的生命就光芒四射。走上舞台，世俗的一切都淡远了，而自己则完全陶醉在创造、自由与飞腾的世界里，尽管他反复地表演同一剧目，扮演同一角色。明知戏文是假，表演是戏，却以其为真，以其为真实生活，这是梅兰芳用其一生所做出的回答。换言之，对梅兰芳来说，生活在戏里或许比生活在现实里更真实、更充实、更幸福。还有演员，他们一生都在扮演不同的角色，演绎不同的故事，虽然自己饰演的角色不断变换，但每个角色都令其动情。一般人会认为，演员能在每个角色中动情，可见其感情的廉价与虚假。其实，与现实生活的虚假相比，演员在角色中往往更容易动真情吧？因为在艺术中，他可以抛开一切现实的负累，完全进入自由的状态。也可以这样说，对人生的苦闷、困惑、忧伤和难以言表的隐忧，演员往往在现实生活中难以尽情表达，而戏目角色却成为他情绪的发泄通道，在这种宣泄过程中，他的心灵得到了解放，精神得到了升华。

戏曲的创作也是如此。它与实际生活之间存在着相当的距离，一旦进入了戏曲的创作，实际上也就进入了戏曲的角色，与角色同生死共命运。戏曲家明知自己的创作是“假”，却将自己的感情全身心地投入其中。换言之，现实的黑暗，生活的压抑，人性的隔阂，这些都会成为现实中人们自由表达的束缚与障碍。知音难觅，伯乐难得，这是现实人生的真实写照。而在戏曲创作中，作者可以对他的角色倾吐衷肠，畅所欲言。从此意义上说，戏曲创作比现实生活的言行更真实。比如，以创作“临川四梦”著称的明代戏曲家汤显祖，在仕途上郁郁不得志，因为直言竟被罢官。而在戏曲中，他却借助梦的形式将自己心中的感情倾泻而出。梦是假的，戏也是假的，剧中的故事与人物都是假的，而内中的感情却是真的，这种感情是汤显祖一生的积郁。由此我们便能理解为什么汤显祖的戏曲能够打动人心，震人心魄。还有关汉卿，他既写剧本，又登台演出，他的《窦娥冤》可以惊天动地，令人悲断肝肠。

曹雪芹的《红楼梦》不知感动了多少代人，它虽是虚构的小说，但因为作者在其中投入了真情，所以，小说真实而生动，有着永久的生命力。作者自言：“满纸荒唐言，一把辛酸泪！都言作者痴，谁解其中味？”这部书是作者晚年的呕心沥血之作，他生于名门大家，世代荣华，到他这一代已完全衰落了。在创作这部小说时，作者寄居于北京西郊，衣食无着，往往靠卖自己的画去换点酒喝。现实的生活使曹雪芹完全成为一个孤独者，他只有将自己的一腔愁肠尽情倾注在小说中。还有《聊斋志异》的作者蒲松龄，他一生酷爱搜集奇闻逸事和写作。据说他常在村口设茶免费招待行人，要求喝茶者必须为他讲一个最奇怪荒唐的故事，而蒲松龄就将自己对人世和人生的真情实感寓于那些荒唐的故事之中。

李白也是如此，他的一生都在创作那些极度夸张的诗歌，正是这些表面不真实的诗歌却深含着作者的一腔豪情。他的自然观、人生观、社会观和艺术观等，都在诗歌中得到了淋漓尽致的表现。

总之，戏剧、电影、文学、书画等艺术都是生活的虚构，它是非现实甚至是非真实的。然而，因为它是生活的抽象，是生活的升华，所以它可以成为人们表情达意的载体。通过它，艺术家可以将现实生活的种种压抑与悲愤真实地倾吐出来，从而达到内在的真实。当然，艺术只能成为艺术本身，而不能成为政治和意识形态的工具，否则它仍是虚假的。过于功利化的艺术在我看来是工具，而不是真正的艺术。我仍然主张艺术的“游戏说”，坚持艺术重在陶冶人的性情，成为人们超脱世俗人生的依恃。是否可以这样说，以“戏”为生的人是有福的，是可以逍遥物外，在世俗人间独立特行的。

当然，不是所有的人都可以从“戏”等艺术中得到闲适，得以升华，多数人离不开现实生活，离不开世俗人生的方方面面。

然而，即使如此，人们也可以酿制闲适的“美酒”，来使自己的生活充满欢乐与笑声，而不是如耕牛般受生活的“重役”。

闲谈也是生活中的一大乐事，有了它人生就会充盈起来，生命也会焕发出亮色。最早的闲谈可追溯到孔子与学生间的闲谈，那种气氛是完全轻松自如的，也是自由自在的。孔子的许多思想都是通过这种方式传达给学生的。孔子师生在寓教于乐的气氛中完成了灵魂的沟通与提升。魏晋名士的清谈也是令人向往的。可以设想，身在山中，脚下清泉溪水长流，与鸟语花香和蓝天白云相伴。风流才子们席地而坐，手举酒杯，有说有笑，随意畅谈人生。兴之所至，人们或歌或舞，或诗或词，或书或画，这是一种何等逍遥的境界！可以说，魏晋是古代中国知识分子最为自由的时期。不仅如此，普通百姓在闲谈中也可享受到人间的欢乐。老北京的冬天，户外严寒，万物萧条，人们待在家里，围着暖炉，与几个近邻、知心朋友畅谈国事和家事，谁当了皇帝，哪里又发生了战争，家长里短、婚丧嫁娶等事都可聊上半天，这种乐趣是人生中值得珍惜的美事之一。还有老北京的人力车夫，虽然生活贫寒，但他们在艰辛劳动之余，常常几个人聚在一起，相互打趣，闲谈闲侃，嬉笑怒骂之中打发着自己的太平日子。《浮生六记》的作者沈复的乐趣之一就是和妻子或朋友出游和闲谈，享受一份宁静与自由。最有趣味的是“夜谈”。风雪之夕，邀三四良朋，围成一团，周围寂静无声，只有雪花落地的声音。炉火正红，热茶在手，无局外之人，大家尽可随心所欲、畅所欲言。当夜深人静，酒尽灯阑人困，各自散去，其心境之明澈可是无与伦比了。如沈复与陈芸纵谈诗文，极尽闲适之乐。作品写道：“一日，芸问曰：‘各种古文，宗何为是？’余曰：‘《国策》《南华》取其灵快，匡衡、刘向取其雅健，史迁、班固取其博大，昌黎取其浑，柳州取其峭，庐陵取其宕，三苏取其辩，他若贾董策对，庾徐骈体，陆贽奏议，取资者不能尽举，在人之慧心领会耳。’芸曰：‘古文全在识高气雄，女子学之恐难入彀；唯诗之一道，妾稍有领悟耳。’余曰：‘唐以诗取士，而诗之宗匠必推李杜，卿爱宗何人？’芸发议曰：‘杜诗锤炼精纯，李诗潇洒落拓；与其学杜之森严，不如学李之活泼。’余曰：‘工部为诗家之大成，学者多宗之，卿独取李，何也？’芸曰：‘格律谨严，词旨老当，诚杜所独擅；但李诗宛如姑射仙子，有一种落花流水之趣，令人可爱。非杜亚于李，不过妾之私心宗杜心浅，爱李心深。’余笑曰：‘初不料陈淑珍乃李青莲知己。’芸笑曰：‘妾尚有启蒙师白乐天先生，时感于怀，未尝稍释。’余曰：‘何谓也？’芸曰：‘彼非作《琵琶行》者耶？’余笑曰：‘异哉！李太白是知己，白乐天是启蒙师，余适字三白为卿婿，卿与白字何其有缘耶？’芸笑曰：‘白字有缘，将来恐白字连篇耳。’（吴音呼别字为白字）相与大笑。”[①]

当然，谈话是要有条件的，最好是良朋佳友，心平气和，了无挂碍，有谈兴，有见解，随意而为，妙语连珠，如行云流水，行当不得不行，止当不得不止。如此的谈话，几乎就是艺术了。它可以洗净心中的尘俗杂念，将人带到一个清明的境界中去。

---

① 沈复：《闺房记乐》，《浮生六记》，第20—22页，外语教学与研究出版社，1999年版。

其实，中国文化中有不少美好的谈话，《庄子》《列子》《淮南子》《战国策》《吕览》《红楼梦》等都是如此。孟尝君家中食客的谈话也很有意思。中国历代那些超凡脱俗的人也往往都是很健谈的人，孔子、庄子、东方朔、苏轼、袁宏道、李渔、袁枚、林语堂等都是这样。

另外，人们还应该从生活的点滴之中寻找趣味。室外要多多植树养花种草，室内的装饰、日用物品，最好注重艺术性，再加上文房四宝、书画珍玩、琴瑟丝竹，定会使房间生辉，从而陶冶性情。如果喜爱买书、藏书、读书，坐拥书城，手不释卷，在历史的长河里畅游，其生活的乐趣当真可与神仙相比了。在中国，由于儒家文化过分强势，人的情趣越来越受到压抑，人性也就变得越来越不近情理，这时，有的文人名士能够冲破习俗，坚持童心、性灵和情趣就显得特别的重要。比如清代文学家李渔曾著有《闲情偶寄》这本奇书。他设“词曲部”“演习部”“声容部”“居室部”“器玩部”“饮馔部”“种植部”“颐养部”几个方面来谈人的闲情逸致。在传统道德看来，这些都是不足挂齿的小玩意儿，不能登大雅之堂，说得严重一点，这些东西还会消磨人的意志，会使人“堕落”。我们的传统文化太看重道德和礼仪，久而久之，就将人的性灵、情趣和闲情视为无用，甚至看成洪水猛兽！人的性情被“礼”扼杀之后，他们也自然而然受到社会习惯道德和行为的规范和限制，翅膀被软化弱化后，当然也就不能自由地飞翔了。李渔在《书房壁》中这样写道：

书房之壁，最宜潇洒。欲其潇洒，切忌油漆。油漆二

> 物，俗物也，前人不得已而用之，非好为是沾沾者。门户窗棂之必须油漆，蔽风雨也；厅柱榱楹之必须油漆，防点污也。若夫书室之内，人迹罕至，阴雨弗浸，无此二患而亦蹈此辙，是无刻不在桐腥漆气之中，何不并漆其身而为厉乎？石灰垩壁，磨使极光，上着也；其次则用纸糊。纸糊可使屋柱窗楹共为一色，即壁用灰垩，柱上亦须纸糊，纸色与灰，相去不远耳。壁间书画自不可少，然粘贴太繁，不留余地，亦是文人俗态。天下万物，以少为贵。[①]

这段话主要是谈论书房墙壁的布置与装饰，重雅而忌俗，重精而忌繁，其论掷地有声，如同活画出来一般，既显示了作者少有的才情，又表明了作者超脱世俗的独特审美眼光。往往在日常的小事上，最能见出一个人的修为、个性、情趣和境界。因为日常小事最难不落俗套，独出新意。

苏轼曾有诗曰："水光潋滟晴方好，山色空蒙雨亦奇。欲把西湖比西子，淡妆浓抹总相宜。"[②]其实，闲情并不是随意而为，而必须以自然为法则，离开这一点，则必然落入庸俗的窠臼。林语堂最讲人的情、趣、味，认为有之，一个人则"生"；而无之，一个人则"死"。所以，在林语堂笔下最有魅力的是那些道家人物，逍遥自适的姚思安、从容不迫的苏东坡、自然大方的姚木兰等都是性情中人。可以说，闲情逸致是

---

① 李渔：《居室部》，《闲情偶寄》，第 200 页，作家出版社，1995 年版。

② 苏轼：《饮湖上初晴后雨》，葛杰等选注：《绝句三百首》，上海古籍出版社，1982 年版。

一个人超脱世俗的灵光，就好似黑夜中的光明一样。

享乐精神也是人获得超脱的一种方式。享乐精神常常被道德家视为人性的腐化，其实不然。从中国历史来看，确实存在着一种享乐主义的传统。历代统治者的骄奢淫逸和一些文人的放纵豪奢就是典型的例子。李白有诗曰："人生得意须尽欢，莫使金樽空对月。"看来他在很大程度上受享乐主义思想的影响。享乐主义当然会使人获得一定的解脱，但它的破坏性也相当大，而且这种重物质享乐与感官享受的生活方式非常像饮鸩止渴，也像是吸食"鸦片"，在得到片刻解脱的同时，又为自己套上更大的束缚。因此，我们不倡导享乐主义，而倡导一种享乐精神。这二者之间是有本质区别的，前者重物质与感官，后者重精神，前者毫无节制，后者讲求适度。

享乐精神既有物质与感官层面，但更主要的是精神的享受。以往儒家文化尤其后来的二程理学将人的欲望消灭殆尽，只剩下"礼"与"节制"，因而，人的自然天性受到严重的压抑。倡导物质的享受，主要是针对儒家文化过于强调道德人伦而言的。另一方面，享受精神更重要的是讲求精神的愉悦，一种快乐的人生哲学。因为人生不是为了悲苦，而是为了欢笑；不是为了受难，而是为了享受的。

更重要的是，精神快乐还有利于人的身心健康。一个人的身体最容易受到伤害的主要不是肢体的劳累，也不是身体的受苦，而是心累——心受到役使。从此意义上说，人外在感到闲适和快乐当然重要，但更重要的是心灵的闲适与快乐。如果一个人能够保持内外的闲适，那么，他才能真正地愉快和逍遥。

概括起来说，作为个体的人，他对世俗人生不可太执着，也不可太粘着，亦不可太随波逐流，他应该保持这样一种姿态：作为一个旁观者，冷眼看世间的人生百相，充分体会天地的阔大与神秘，也细细体察人类的微不足道，还可以在有限的生命中善对人与事，以达观而欢快的心情和美好的趣味去咀嚼、品味、回想。如能这样，人们就不难摆脱尘世的喧嚣，而能以一颗自由之心与世俗对峙，与天地自然对语。

营造幻象
——在追忆与想望中超升

就人类的生存状态来说，那是非常现实的，人每天都需要吃饭、喝水、睡眠，否则，人类就不会生存下去。但人类的这些本性也是其他动物所具有的。所以，与其他动物相比，人类的优长主要表现在他会思想，他有着自己独特的精神世界。

当然，在人类的精神世界中，其内在的构成也不是整齐划一的，而是由多种不同性质的质素构成的，从而显示了人类精神的丰富与幽深。如果对人类的精神世界进行划分，那么，我想大体可分为两个世界：一是理性精神世界，一是感性精神世界。前者具有可操作性、可论证性，比如科学理性精神，而后者则具有变动性、不可确定性，比如道德情感精神。

应该注意的是，人类的感性意识活动也可以再进一步做出分类：一种是人的意识可以感觉得到，甚至可以进行某些合乎规律的把握，如听觉、视觉、直感等；还有一种是人的意识难以控制，也难以寻找其规律性，如潜意识、梦境等。在此，我们把这些难以确定，具有某些飘忽性和神秘性的东西叫幻象世界。

一般认为，幻象世界是靠不住的，它饥不可食、寒不可衣，好似天空的流星，也如闪烁不定的灯火，令人难以捉摸。有人甚至将之视为迷信的东西进行批判。其实，可食、可衣、可见、可感的东西固然重要，但那些“幻象”也是不可或缺的，因为它会使人类进入另一个层面，进入一个可以寄托、可以飞翔、可以沉醉的世界中去。

一　夕拾朝花

人的一生很漫长，但又非常短暂。中国人常用“白驹过隙”来形容时光的流逝。尤其到了人生的深秋，风凉草黄，万木萧萧，落叶舞地，百虫失鸣，这种“逝水流年”“时光不再”的感兴便会从心头油然升起，更遑论天寒地冷、风雪交加的暮年人生！此时，人的生命真如风中的残烛，稍不注意就会油尽灯枯，突然熄灭了。

“晨钟”以其清扬的乐音敲响大地，生命开始诞生，而“暮鼓”则带着感伤与悲惋给即将逝去的夕阳送行。这一端连接“开始”而另一端则连缀“结束”的生命之歌就有了深深的意味。试想，当一个中年人或一个老年人，在走过大半人生或即将与这个世界告别的时候，他的心情与感受会是怎样？也许，生活的艰辛固然值得正视，而其中的欢乐更会令人回味。尤其那美好的童年时光将是一份永恒的记忆。不！不是记忆，而是幻想，是追忆中对童年“幻象”的重新营造。

由于人生与生命的本质悲剧性，任何顺意幸福的人生都不可避免留下艰难跋涉的脚印。在人生的晚秋或暮年回忆过往，成年后匆匆的行走和奔跑往往都不记得了，而童年的生活却会清晰起来，并带着某些幻影以美好的姿态出现。

鲁迅有着苦难的童年，家庭破败，父亲病重，生活艰难，人情冰冷，再加上国凋民弱，灾难深重，这些对鲁迅都有着深刻的影响，给他后来的文学思想及审美倾向都打上了深深的印痕。在后来他写到自己的童年时，记忆中的一切仿佛就在眼前：他奔走于当铺、药铺之间，柜台比自己高得多，要费力举起手来才能将东西拿上去或拿下来。那时的鲁迅能够清楚地感到人们的冷眼和鄙夷的目光。可以说，鲁迅的整个生命都被一种苦难感和悲凉感浸泡着，较少能够看到他的笑容。只要我们审视鲁迅的一幅幅照片就可以明白这一点。鲁迅仿佛一直在背负着沉重的泰山行走，一直在冰室里生活。透过他的散文诗集《野草》，我们更可以领略鲁迅苦难而悲凉的世界。

然而，即使如此，鲁迅的生活中也有光亮，也有暖意，这就是那本以回忆童年生活为主的散文集《朝花夕拾》。黄昏时刻，拾起早晨开过的花朵，心中虽然充满一丝寂寞与惆怅，但美好的幻影仍然令人心清神驰，如饮玉液琼浆。

在《朝花夕拾》中，鲁迅也写过日本留学期间发生的事，如写了藤野先生和范爱农，但更多的是沉醉在童年许多小事的回忆之中：狗、猫、鼠、长妈妈、五猖会、百草园、三味书屋……这些小事在鲁迅的童年中也许发生过，也可能是经过了鲁迅的想象与点染。因为这些小事与他所经历的苦难相比真是微不足道！

然而，就是这些小事使鲁迅摆脱了苦难、悲感与束缚，而走向清明、愉快与飞翔。鲁迅在描述童年这些小事时，带着微笑、甜蜜与诗意，就如同在家乡的蓝天、白云和绿地之间放飞风筝一样。在《从百草园到三味书屋》中，鲁迅这样写他的欢乐：

> 不必说碧绿的菜畦，光滑的石井栏，高大的皂荚树，紫红的桑葚；也不必说鸣蝉在树叶里长吟，肥胖的黄蜂伏在菜花上，轻捷的叫天子（云雀）忽然从草间直窜向云霄里去了。单是周围的短短的泥墙根一带，就有无限趣味。油蛉在这里低唱，蟋蟀们在这里弹琴。翻开断砖来，有时会遇见蜈蚣；还有斑蝥，倘若用手指按住它的脊梁，便会拍的一声，从后窍喷出一阵烟雾。何首乌藤和木莲藤缠络着，木莲有莲房一般的果实，何首乌有臃肿的根。[①]

这里的童年旧事显然被作者诗意化了，其中寄寓了作者的美好想望。在鲁迅的眼里，油蛉会歌唱，蟋蟀在弹琴，一草一木都被赋予了生命，也都有了灵气。在与草木花虫的融会中，鲁迅的心情特别平静，如同在草水下呢喃的山间小溪，一派天然平和，心明气清。

长期的战斗与劳顿，鲁迅的身心太疲倦了，社会的污浊，都市的喧闹，党派的争斗，朋友的变节，人性的异化，这些都令鲁迅几近窒息。而在回忆童年的欢乐之中，将童年的生活用诗意点燃，既可“取暖”，又可“照亮”，这是鲁迅为世人也是为自己

---

① 鲁迅：《朝花夕拾》，《鲁迅全集》第二卷，人民文学出版社，1991 年版。

营造的“幻象”。就如同一只蝴蝶，避开风雨，避开黄雀，躲在花蕊中，仔细地啜吸生活的甜蜜与希望。可以说，《朝花夕拾》是鲁迅的一份近于奢侈的梦想，在回忆与营造中，他的心灵得到了哪怕是片刻的休闲，故乡与童年的美好是鲁迅为自己心灵营造的一个避风的宁静港湾。

还有现代女作家萧红，她自小几乎没有得到过父母之爱，甚至对父亲充满恨意。成年后婚姻也是失败的，生活的贫困与坎坷，更增加了她的悲感。晚年重病缠身，周围缺朋少友，孤独无依，死的时候也是孑然一身。可以说，萧红的一生充满苦难，能够令她感到幸福的时光是不多的。我们看到，在萧红眼里，真正能使她感到温暖的恐怕还是童年的“幻象”，即爷爷的呵护。也许爷爷对萧红确实是爱护弥深，萧红对这种爱的强化与营造也是不可忽略的。因为，在被父亲虐待的时候，爷爷的爱就显得特别的珍贵！哪怕是一点点，都会像落在大地上的一颗种子，在一个孩子的心灵中生长起来。在《永久的憧憬和追求》这篇散文中，萧红这样写她对祖父的留恋与爱：“每每在大雪中的黄昏里，围着暖炉，围着祖父，听着祖父读着诗篇，看着祖父读着诗篇时微红的嘴唇。”她又说：“父亲打了我的时候，我就在祖父的房里，一直面向着窗子，从黄昏到深夜——窗外的白雪，好像白棉花一样飘着；而暖炉上水壶的盖子，则像伴奏的乐器似的振动着。”“祖父时时把多纹的两手放在我的肩上，而后又放在我的头上，我耳边便响着这样的声音：‘快快长吧！长大就好了。’”萧红最后说：“从祖父那里，知道了人生除掉了冰冷和憎恶而外，还有温暖和爱。所以我就向这‘温暖’和‘爱’的方向，怀着永久的憧憬和追求。”[①]事实上，祖父对萧红所做的并不太多，但在萧红看来，祖父是童年的自己驻足和宁静的地方，是自己能得到安慰的所在，是自己生命与快乐的根本。

所以，萧红的童年回忆，是我们理解萧红人生、创作、感情和生命的一把钥匙。作为萧红，对童年美好生活的回忆与营造，也一直是自己生命的源泉，更是帮助自己超越这个污浊世界的依恃。

曹雪芹的《红楼梦》实际也是作者对童年欢乐生活的营造。那如诗一般的大观园，那美丽如仙的众女子，那天真无邪的浪漫生活，还有宝玉与黛玉纯洁深挚的爱情，这些难道不是曹雪芹对自己童年生活的追忆、想象与营造？在作品中，我们分明感到曹雪芹写到童年时那种愉快的心情，那不仅是大观园少男少女的欢愉，更是曹雪芹的欢乐之歌。我认为，曹雪芹的晚年贫困潦倒，精神悲愁，能够使他感到快乐的事情恐怕就是《红楼梦》的写作，这种童年“美梦”的营造使他的心灵有了依托，有了超越世俗人间的可能性。

童年是纯洁的。此时人刚刚落地，人心清纯，更多保留着自然的本性，还未受到社会与道德等方面的污染。在儿童眼里，世界到处充满着美好与神奇，大自然日日常新，单单那些可爱的小动物和五颜六色的花朵就会令孩子心向往之、如痴如醉，还有祖父母和父母的呵护，尤其是母亲的摇篮曲，那永远是世上最好最美的声音和旋律。这就是为什么中国作家甚至每一个中国人的

---

① 萧红：《小城三月》，广州人民出版社，1995年版。

内心都装有伟大的母爱，他们往往对母亲一往情深。这里，一方面表明母爱确实是一种神圣的力量，具有不可替代性和不可超越性；另一方面也表明母爱是一个幽深的所在，具有可填充性、可营造性。换言之，母爱对中国人来说，它既是一种记忆，又是一种创造与升华。被儿子升华了的母爱，那才是无边的，是可以永远依恃的精神力量。对大多数孩子来说，他们生长在甜蜜之中，充分享受这个世界的美好，而即便生活在悲苦之中，他们也会用纯洁洗净生活的污浊，享受那些曾经有过或是从未有过的美好时光。《城南旧事》的作者林海音就是一个以童年视角来审视社会的作家，儿童那一双纯洁的眼睛可以超越世俗的尘嚣，使人的心灵受到净化，得以升华。

儿童文学一直是人类把握世界的一种方式，仅就 20 世纪的中国作家来说，就出现了像叶圣陶、冰心、陈伯吹、严文井等优秀的儿童文学作家。一般人可能认为，这些作家的儿童文学作品仅仅是为儿童写作的。其实不然，在我看来，这些儿童文学除了给孩子送去精神的食粮外，还有着更深远的意义，这就是作家关于童年的梦想，作家超越世俗社会的黑暗与疾痼的努力。换言之，儿童文学作家往往以童年的生活经历为基础，用自己的理想、信念与爱，为儿童，为人类，同时也为自己，营造一个“幻象”世界。这个世界可以从世俗污染、异化中超脱出来，使人们陶醉于真、善、美的氛围之中，让心灵得以净化与解脱。

总之，对每个人来说，童年是快乐与幸福的源泉，不管是尝过甜蜜还是品过忧伤，在童年那里，人们都能捡回和营造快乐的记忆和想望，尤其是对那些生活坎坷和面临生命黄昏的人来说更是如此。对人类来说，回忆童年，诗化童年，为童年造出一个“幻象”，这是一种艺术化人生的重要方式之一。试想，脆弱的人类要面对这个强大得无法形容的世界，心中充满幸福感，靠的是什么？童年时的美好“幻象”是不可或缺的。这个“幻象”氤氲在你心灵深处，具有“根”的作用和生长的力量。

二　酒的意味

在这个世界中，人不可能独立无依，处于完全孤独的状态，他总要将自己与外在的事物和人相联系、相谐调。即使对那些特立独行、我行我素，与世俗社会拉开相当距离的人来说也是如此。智永和尚可以数十年不下阁楼，那是他将书法作为自己的依恃，司马迁、左丘明以残疾之身立足于天地之间，很大程度上得力于要完成手中的《史记》和《春秋左氏传》。可以这样说，对那些富有个性的人尤其是文人来说，他们都有所恋，情感都有所系怀。其中，酒是人生中相当重要的一个“系怀物”，它不仅仅是一个可以喝的“物”，更大意义上它成为一个“中间物”将人与天地相连接，它会对人及人生产生很大的影响。

酒的形态似水，但它不能用来解渴；酒由粮食酿成，但它不能用来充饥；酒味辛辣，但它开胃不如辣椒。然而，在中国，酒有着悠久的历史传统，有着令人难以想象的魅力，以至于培养了那么多“酒迷”和“酒鬼”。究其原因，可能主要还是因为“酒”对人的精神、情感、心理及其趣味有着不可忽略的影响和意义吧！

酒首先有消愁解闷的功能。也可能与酒中所含的麻醉性成分有关，酒能使人的大脑皮层得到暂时的放松，也能使人暂时遗忘记忆，所以人们在高度紧张或内心痛苦的时候，靠酒就可以使自己得到相当的解脱与超越。因为，外在的世界对人来说有时太紧张也太残酷了，只靠清醒的理性抵制是难以奏效的。而过分紧张与忧愁不仅对人的身体，而且对人的精神和灵魂也有着巨大的戕害。所以曹操早就认识到“酒”的消愁解忧作用，吟出了“何以解忧？唯有杜康”的著名诗句。这里的“杜康”就是今天我们所说的酒。李白比曹操说得更为直接，也更为豪放不羁，他在《将进酒》一诗中说：“将进酒，杯莫停，与君歌一曲”，“钟鼓馔玉不足贵，但愿长醉不复醒。古来圣贤皆寂寞，惟有饮者留其名。陈王昔时宴平乐，斗酒十千恣欢谑。主人何为言少钱，径须沽取对君酌。五花马，千金裘，呼儿将出换美酒，与尔同销万古愁”。[①]在李白这里，人生的功名富贵简直如过眼云烟，算得了什么？然而，这人世间的美酒却是不可或缺的。李白呼吁人们，那无聊的琐事，污浊的社会，漫漫的长夜，寂寞的人生，只有大杯大杯地喝酒，只有长醉不醒，才会超脱。试想，对于人的本质的悲剧性，对于千秋万代留给人类的万古愁绪，人们如何才能将之消弭，而让心灵得以解脱？在李白看来，唯有酒，唯有那长醉不醒。苏东坡对酒的感情也极深，他不仅爱酒、写酒，还自己酿酒，可以说他是深知酒性和酒味的人。苏东坡虽酒量有限，远远不能与李白比美，但他对酒的感情和借

---

① 李白：《将进酒》，王琦注：《李太白全集》，中华书局，1993年版。

酒消愁的心怀却与李白无二。苏东坡曾作一首《临江仙·夜归临皋》词说明自己的心境，词中说：“夜饮东坡醒复醉，归来仿佛三更。家童鼻息已雷鸣。敲门都不应，依杖听江声。 长恨此身非我有，何时忘却营营？夜阑风静縠纹平。小舟从此逝，江海寄余生。”[①]苏东坡显然对蝇营狗苟的人生产生了厌倦之情，多么希望通过醉酒能使自己超脱出来，驾一叶扁舟飘然远去，以了却余下的人生。这首词表达的正是作者借酒浇愁以求解脱的心情。由于中国封建社会的专制性质，也由于中国人尤其是中国文人对天地之心的感怀与悲悯，加之中国历史上内忧外患、战争频仍，人民的生活异常艰难，所以，“苦难忧患感”是中国人尤其是中国文人强烈的情结。每当人生不如意时，中国人尤其是中国文人的心中就会升起一股难以言状的忧愁。要获得解脱，饮酒解愁就是最佳也是最有效的方式之一。也正因为如此，历代中国文人都离不开酒，都与酒结下了深深的情缘。在此，我们还可以举出许多借酒解愁的文人墨客，如阮籍、刘伶、扬雄、杜甫、徐渭、鲁迅等，他们都对酒情有独钟，有多少日月时光，他们都将自己的“载不动，几多愁”交给那杯杯烈酒，以寄愁，以明志。比如晚唐的杜牧因为怀才不遇，常常借酒浇愁，赋诗自遣，因此，他在《郡斋独酌》中说：“寻僧解幽梦，乞酒缓愁肠。”而在《雨中作》里声称：

① 苏轼：《临江仙·夜归临皋》，唐圭璋编：《全宋词》第一册，中华书局，1980 年版。

“一世一万朝，朝朝醉中去。”[1]表达了自己以酒消愁而又十分无奈的情状。

那些借酒浇愁的七尺男儿自不必说，就是那些纤纤袅袅的才女往往也离不开酒，离不开酒来消愁解闷。北宋著名女词人李清照曾在词中这样抒写自己的愁绪和借酒释愁的心情。她在《醉花阴》中写道：“薄雾浓云愁永昼，瑞脑消金兽。佳节又重阳，玉枕纱厨，半夜凉初透。　东篱把酒黄昏后，有暗香盈袖。莫道不消魂，帘卷西风，人比黄花瘦。”[2]这首词渲染了在薄雾浓云的重阳佳节时刻，人在黄昏中的满腔愁绪以及独斟独饮。然而，凉风透骨，愁肠更愁，孤独的人儿已经比黄花还瘦了。在另一首词《声声慢》中，李清照还有“三杯两盏淡酒，怎敌他、晚来风急，雁过也，正伤心，却是旧时相识”这样的句子。看来，李清照也常常用酒来稀释自己的愁绪，尽管她不似李白等男子的豪情壮语、慨当以慷，而是轻声慢语、低回吟唱。她那细雨润物、滴水天明的女性情怀往往也在淡酒这种“中间物”的抚慰下，浓浓的忧愁得到了消解。

事实上，普通人也不例外，他们尽管不用像多愁善感的文人那样用酒来消短永昼，来解除形而上的关于世界人生的苦索，但他们也有自己的苦恼与烦事，有自己难以排解的世俗悲痛与苦难。鲁迅的小说《孔乙己》就描写过那些普通人：有的穿着短衣站在酒店里喝酒，他们甚至还不时地嘲笑孔乙己两声；而孔乙己

① 陈允吉校点：《杜牧全集》，上海古籍出版社，1997 年版。
② 孙崇恩选注：《李清照诗词选》，人民文学出版社，1994 年版。

本人也要靠酒来打发寂寞的时日，来消除那么多无边的闲愁。

酒具有相当神秘的色彩，它是物而又不是物，尽管它以米、水等为原料酝酿而成，但它却具有一种神奇的力量，可以将人与这个世界分开，使人的精神抽离出来，一直进入并飞升到一个空荡、如梦的世界里。在这个世界里，人世的纷争、紧张、虚妄和苦难都悄然退去，心灵也得以解脱和放松。

值得注意的是，酒给人的解脱不是彻底的，也不是根本的，因为它只有麻醉作用，并且还有相当大的副作用，饮酒过量所造成的酒精中毒自不必说，久而久之，它还会麻醉人的精神。虽然它远没有鸦片对人肉体与灵魂的损害大，但过度饮酒和借酒浇愁极容易“借酒浇愁愁复愁，抽刀断水水更流”，在获得解脱的同时，又获得了新的并且是更大的束缚。

酒又是艺术家进行创造的灵感和源泉。众所周知，艺术最重要的是自然，是无法之法，是一颗童心完全没有遮蔽的自然流露与表达。在一般情况下，人们很难真正摆脱社会习俗和道德规范的束缚，因此，其创造出的艺术品也就难免沾染了俗气和人为的痕迹。然而，一旦饮酒，且兴致尽至，一心通畅，人的理性就会被酒消解，而完全进入一种“自由”状态。此时，人世的各种束缚、各种污染和各种异化都退去了，原来的一颗赤子之心和自然之心就会如海中小岛一样显现出来。以一颗自然之心作为表达对象，那么，其艺术作品当然是脱俗的，境界也是高远的。另外，灵感的到来往往也要求创作主体心无挂碍，一心清静，这也是酒兴波起、醉后忘怀所达到的境界。只有此时，创作主体才能感时兴会，心手相应，心飞神驰，妙笔生花，妙语连珠，如有神助。

因此，酒在艺术创作过程中具有极大的作用，它会帮助作者脱尽凡俗，一心清洁，进入一个玄妙而超拔的艺术境界。这正是中国历代艺术大师都与酒结下不解之缘的原因，他们往往嗜酒如命，酒兴援笔，常常有如神助，创造出具有永恒艺术魅力的作品。

陶渊明以喜饮酒、善饮酒、能饮酒而名于世。他一生不喜与人尤其是与俗人交往，而是以自然与闲居为乐。然而，一旦有酒，陶渊明就什么都不顾及了。也正因此，一些要与他结交的俗子常常备好酒款待他，当然此时的陶渊明就宠辱皆忘了。对陶渊明来说，酒常常是他创作的灵感和源泉。比如，他曾写了《饮酒二十首》，多谈自己饮酒的欢乐。在其引言中，陶渊明这样记载自己诗歌创作的源起："余闲居寡欢，兼比夜已长，偶有名酒，无夕不饮。顾影独尽，忽焉复醉。既醉之后，辄题数句自娱。纸墨遂多，辞无诠次。聊命故人书之，以为欢笑尔。"[①]可见，饮酒对陶渊明娱情和创作灵感之重要意义。还有张旭这位书法大家，常常在饮酒大醉后奋笔疾书，往往笔走龙蛇，意随心出，笔随意行，一派天然景象。杜甫曾在《饮中八仙歌》里赞张旭说："张旭三杯草圣传，脱帽露顶王公前，挥毫落纸如云烟。"[②]看来，张旭酒后灵感活现，创作的书法作品超凡脱俗，令人高山仰止。最令人感叹的是，张旭有时醉后以头发濡墨而书，酒醒后竟然不识自己的笔迹，连自己都以之为奇。王羲之和李白也是这样，王羲之的《兰亭序》即是他酒兴意舒之时写成而醒后不可再

---

① 王瑶编注：《陶渊明集》，人民文学出版社，1990 年版。
② 仇兆鳌注：《杜诗详注》第一册，中华书局，1995 年版。

得的杰作；李白的许多名篇佳作都是他酒酣陶然的产物，可以说“诗酒人生”是李白一生的真实写照。值得一提的是晚清大画家蒲华，他一生未曾婚娶，热爱书、画、诗等艺术。他还性嗜酒，常常与友朋共饮，醉入梦乡。而一旦醉酒，往往意兴情浓，援笔而画，一挥而就，立成妙笔。因此，向他索画的人，往往代他付酒钱，一旦看到蒲华酒酣耳热之时，立即将预先准备好的纸砚笔墨送上。此时的蒲华兴致盎然，跃跃欲试，不管是山水还是花卉，他都是一挥而就，令人叫绝，真是点石成金，妙手偶得。

正因为酒对艺术的独特价值和意义，历代文人墨客都离不开酒，都离不开酒这个“中间物”。这就是在中国文化中，诗词歌赋、戏剧文章、书法绘画、武林奇子等都渗透着酒文化精神的一个重要原因。比如，中国武术中的醉拳就是与醉酒密切相连的。

由于中国人与酒的密切关系，所以他们对酒性的品味几乎达到细致入微的程度，真可谓是细如发丝！到后来竟将饮酒发展为一门艺术了。饮酒往往强调时间、地点等条件。比如有一位中国文人曾对饮酒进行了细致的分析，他说：“法饮宜舒，放饮宜雅，病饮宜小，愁饮宜醉，春饮宜庭，夏饮宜郊，秋饮宜舟，冬饮宜室，夜饮宜月。”对醉酒，他也自有新奇妙论，足以娱人心眼，他说：“凡醉，各有所宜。醉花宜画，袭其光也；醉雪宜夜，清其思也；醉得意宜唱，宜其和也；醉将离宜击钵，此其神也；醉文人宜谨节奏，畏其侮也；醉俊人宜益觥盂，加旗帜，助其烈也；醉楼宜暑，资其清也；醉水宜秋，泛其爽也。此皆审其宜，考其景；反此，则失饮矣。”[①]另外，我们还在不少的中国文学作品里看到关于饮酒的记载，如《水浒传》《红楼梦》《镜花缘》等，从中可以看出酒文化对中国人的深层影响。

酒还是一种心情、一种境界，它可以令人心旷神怡、无拘无碍。其实，酒也是有性情的，有其内在的性格的。它虽有辛辣味道，但内里却是醇厚、平和与芳香的。这种境界已不是解忧消愁和用于创作的动力，而是一种无忧无碍了。换言之，此时人从酒中体味到一种人生、一种心怀、一种境界，那就是达观与超然。

确实，饮酒能达到如此境界是极不容易的，它没有愤怒，没有忧伤，没有冲动，没有阻隔，只是心平如镜的快意与坦然，一种物我两忘、与自然共有的情怀。得与失、爱与恨、美与丑、欢欣与悲苦、成功与失败等在此也都泯灭了界限，失去了划分的意义。与酒共处共融的人生就如同天上的一只飞鸟、地上的一棵野草，在大自然的怀抱中悠然自处，相与相还。

陶渊明便达到了这样的心境。他的饮酒诗有的不温不火、波澜不兴、山水不露，完全是一派自然景象。陶渊明在《杂诗八首·其一》中写道：“人生无根蒂，飘如陌上尘。分散逐风转，此已非常身。落地为兄弟，何必骨肉亲！得欢当作乐，斗酒聚比邻。盛年不重来，一日难再晨。及时当勉励，岁月不待人。”在此诗中，陶渊明虽然也感叹人生的无常与变幻，但显然不似曹操、李白、李清照等人诗词中充满了强烈的痛苦、苍凉与绝望，而是心平气和、顺其自然、从从容容了，反映了作者超然于物的

① 转引自林语堂：《酒令》，《生活的艺术》，东北师范大学出版社，1994 年版。

境界。陶渊明除《饮酒二十首》之外的另两首饮酒诗的境界也是这样，一首诗中写道："有客常同止，取舍邈异境。一士长独醉，一夫终年醒。醒醉还相笑，发言各不领。规规一何愚，兀傲差若颖。寄言酣中客，日没烛当秉。"另一首诗中写道："青松在东园，众草没其姿。凝霜殄异类，卓然见高枝。连林人不觉，独树众乃奇。提壶抚寒柯，远望时复为。吾生梦幻间，何事绁尘羁。"这完全是一种悠然自得、不为万物所羁的境界，人与自然完全融为一体了。

以陶渊明为人生楷模的苏东坡写了不少有关酒的诗赋，其中有的篇章达到了平和冲淡、物我两忘的境界。在《书〈东皋子传〉后》一文中，苏东坡这样写道："余饮酒终日，不过五合。天下之不能饮，无在余下者。然喜人饮酒。见客举杯徐引，则余胸中为之浩浩焉，落落焉，酣适之味乃过于客。闲居未尝一日无客，客至未尝不置酒。天下之好饮亦无在吾上者。"

看来，苏东坡本人并不怎么能饮酒，酒量是极其有限的，虽然他颇好饮酒。但有趣的是，苏东坡特别喜欢别人饮酒，只要看到别人饮酒，自己心中则浩浩荡荡、落落拓拓，以至于"酣适之味乃过于客"，可见苏东坡的饮酒心情。

苏东坡在另一篇文章《浊醪有妙理赋》中说饮酒的境界：

酒勿嫌浊，人当取醇。……湛若秋露，穆如春风……兀尔坐忘，浩然天纵。如如不动而体无碍，了了常知而心不用。座中客满，惟忧百榼之空；身后名轻，但觉一杯之重……惟此君独游万物之表，盖天下不可一日而无。在醉常醒，孰是狂人之药。得意忘味，始知至道之腴。[1]

这种饮酒的心情近于“道”了，不嫌酒的清浊，以醇厚为要。而当饮酒之时，如沐春风，无拘无碍，得意而忘味，始知饮酒的最高境界是“至道之腴”。这里，酒已没有强烈的刺激性和麻醉性，而完全是取其醇厚、得其腴韵、会其意趣，一派天然本色。这可能是饮酒的至高境界吧！如此人生，没有什么可以阻挡与隔断的，也没有什么能够束缚和缠绕的，它就如同佛家所言：“于诸法上，念念不住，即无缚也。此是以无住为本。”又说：“能善分别诸法相，于第一义而不动。”

就像面对一面镜子时的心平气闲，一个真正能够超脱的人对酒也应该有这种情怀，即和顺通脱、了无挂碍。酒，就如同一座桥梁，它将人心与天地之心相贯通，从而将人带到一个“此心无住”“拈花微笑”的全新境界。

三　梦的寄托

在人的非理性感知活动中，除了醉酒之外，还有一个重要方式，那就是梦。与醉酒相比，梦显得更为虚幻、飘渺和神秘，它完全不以人的意志为转移。长期以来，尽管有不少人试图对梦进行科学研究，尤其是弗洛伊德最为努力，但是，迄今为止，还没有一种梦的解释真正令人信服。所有人都做过梦，

① 孔凡礼点校：《苏轼文集》第一册，中华书局，1996年版。

都受到过梦的或大或小的影响，可以说，梦对每个人的影响都是普遍的、内在的和微妙的。当然，梦又有着不同的类型，有的梦会令人深感痛苦、忧伤和恐惧，但有的梦却给人带来美的愉悦和享受。可以说，在艰难的人生旅途中，梦有时还真有不少安慰、缓适和超脱的作用。

与现实世界相比，梦似乎是另一个世界的东西，只有在睡眠中，在人们失去自我意识的时候，它才翩然而至。这样，梦的最大特点就是非现实性，最大意义就是可以弥补现实世界的某些不足与缺陷。在梦中，人们可以超越世俗人生进入一个具有最大自由度的世界之中。

首先，梦可以打通时间，直接进入历史、走向未来。我们知道，人的最大局限往往是生命有限，所以，人们往往只能生活在时间长河的一个点上，而不可能真正去经历历史、体会未来，这是短暂人生的遗憾。只就历史来说，对每个个体而言，久远的声音已不可能听到，历史深处发生的人与事也不可能看到，而只能通过文献记载去理解和体会。这中间的伪书自不必说，其中为统治者的粉饰也不去管它，仅仅是时间就已将历史与我们厚厚地隔开。然而，梦有时却能够超越于此，它可以打通时间的隧道，让人直接去与古人对话，领略甚至触摸历史上发生的某件事情。如果你有运气，很可能与老庄、孔子交谈，也可能参加曹操的军队，还可能听到诸葛亮在空城上的琴声，看到周瑜羽扇纶巾、潇洒风流的形象。一旦进入这种梦境，幸福感是无法用语言表达的。在梦中与自己仰慕的大师见面，那是一种非常珍贵的意念，它将令人飘然如入仙境。当然，与久远的历史人物和事件相会需要文化积累，更需要缘分，而在梦中与自己的过去相会却是经常的。自己的亲人、老师、同学、朋友，童年、青年的美好时光，常常会以这样或那样的方式来到梦里，于是，我们可以如观看电影一样重温过去发生或未曾发生的事件。有些梦境可能是没有多少意义的，但有的梦境却是弥足珍贵的，它会令你满足而陶醉，并感到无限的幸福。其次，梦可以跨越空间，以一种天马行空的方式连接某些远隔千山万水的人和事。再次，梦还可以产生无限的神奇，它往往具有超凡的创造性，梦里的世界是很难达到的境界。这里且不说各种动物、人的拼接组合之妙，也不说天上、地下的奇异景象，只是人在梦中的“自由”就令人向而往之。

值得说明的是，对梦中所含的深意，人们各持己见，不宜深究。比如庄子有两个观点难以得到科学的验证。一是梦与现实正好相反，即“梦饮酒者，旦而哭泣；梦哭泣者，旦而田猎”①。意思是说，在梦中饮酒是乐事，但它却预示着第二天早晨起来有不高兴的事；而梦里哭泣是不好的事，但它却预示早晨起来则有田猎那样的乐事。二是真人无梦，即“古之真人，其寝不梦，其觉无忧，其食不甘，其息深深”②。意思是说，古代的“真人”是不做梦的，他醒来是没有忧虑的，他吃饭不求滋味，他呼吸时气息深沉。我们且不说“真人”是否如庄子所言可以达到“无梦”和“无忧”的境界，因为谁也不是“真人”，就是“梦与现实正好相反”也不能说得这样绝对，因为梦本身就难以用科学定

---

① 郭庆藩：《庄子集释·齐物论》，中华书局，1995 年版。
② 郭庆藩：《庄子集释·大宗师》，中华书局，1995 年版。

论，科学这一套话语是无法与梦直接对话的。因此，我还是以做梦人在梦中的感觉为主，梦中舒服、熨帖为好，否则为不好。

当然，人生中除了真正的梦，还有另外一种虚构的梦。这是艺术家为人类营造的，它同样可以陶冶性情、启人灵智、发人深思，将人从世俗人生中解脱出来，进入一个超凡入圣的境界。这里最值得提及的是，艺术家将人生视为一场梦，并加以细致地描绘与营造。在中国人的观念中，梦与现实往往混淆不明、相互取代，现实与梦一样具有复杂性、短暂性、虚妄性，有时梦甚至远比现实更为真实。以中国文学为例，一部中国文学史从某一方面来说实际上就是一部“梦文学史”，视“人生如梦”者和“借梦以神游”者不是个别现象，而是一种传统，一种具有原型意义的存在。

将人生视为一场梦，在梦中可展开神游，这是中国文化中一贯的思想。最早也最著名的是庄周梦蝴蝶的故事。这里，最重要的有两点：一是人生如梦，那么短暂而无定，并难以分别；二是梦给人的超然舒适、自由自在的感觉，可以使人忘掉世俗的烦恼，进入一个“栩栩然蝴蝶”可以飞翔的境界。苦难的人生多么向往能羽化成蝶逍遥自在地飞翔啊！

列子在《周穆王篇》中也有关于人生如梦、梦可神游的描述：

居亡几何，谒王同游。王执化人之袪，腾而上者，中天乃止。暨及化人之宫。化人之宫构以金银，络以珠玉，出云雨之上，而不知下之据，望之若屯云焉。耳目所观听，鼻口所纳尝，皆非人间之有。王实以为清都、紫微、钧天、

> 广乐，帝之所居。王俯而视之，其宫榭若累块积苏焉。王自以居数十年不思其国也。化人复谒王同游，所及之处，仰不见日月，俯不见河海。光影所照，王目眩不能得视；音响所来，王耳乱不能得听。百骸六藏，悸而不凝。意迷精丧，请化人求还。化人移之，王若殒虚焉。既寤，所坐犹向者之处，侍御犹向者之人。视其前，则酒未清，肴未昲。①

这个梦实质也包含了人生如梦和梦可做仙游的道理。在梦中，周穆王可以飞行天宇，甚至可以远及不见日月和河海之处。只是周穆王梦中的飞翔并不快乐，反而“百骸六藏，悸而不凝。意迷精丧”，不得不“请化人求还”人间。

还有“南柯一梦”“黄粱梦”等，都是将人生比作一场梦。“南柯一梦”是唐代李公佐《南柯太守传》中的故事。说的是书生淳于棼做梦到了大槐安国，在那里，他做了太守，并享尽荣华富贵。可是当他醒来时才发现是一个美梦，而梦中的大槐安国就是住宅南面大槐树下的蚁穴。“黄粱梦”取自唐朝沈既济《枕中记》中的故事。说的是有一个书生姓卢，他在河北邯郸的一个旅店里遇见了一个道士，道士有感于书生贫穷，就借给书生一个枕头，要他睡觉的时候枕上它。书生一觉睡去，梦中他享尽了荣华富贵，简直乐不可支。书生刚睡觉时，店主正在煮小米，而当他一觉醒来，店主的小米还没有煮熟呢。这两个故事都写尽了人生的虚幻，富贵荣华只不过是一场美梦。“黄粱梦”的故事明显受

① 杨伯峻：《列子集释·周穆王篇》，第 93 页，中华书局，1997 年版。

到了列子周穆王梦游的影响。周穆王在梦中已过了数十年，而醒来后才知道只是打了个盹：他还是坐在那里，侍者依旧，酒还没有变清，菜肴还没有凉，这与卢生梦醒后小米未熟何其相似。苏东坡曾作《念奴娇·赤壁怀古》一词，其中有“故国神游，多情应笑我、早生华发。人生如梦，一樽还酹江月”，就表达了作者对人生短暂易变、颇似梦境的思想情怀。李商隐的《锦瑟》诗中有：“庄生晓梦迷蝴蝶，望帝春心托杜鹃。”马致远的《双调夜行船·秋思》中有：“百岁光阴如梦蝶，重回首，往事堪嗟。”辛弃疾的《满江红》中有：“蝴蝶不传千里梦，子规叫断三更月。”陆游在《洞庭春色》中说：“请看邯郸当日梦，待炊罢黄粱徐欠伸。”在《沁园春·孤鹤归飞》中说：“念累累枯冢，茫茫梦境，王侯蝼蚁，毕竟成尘。”

还值得一提的是李白《梦游天姥吟留别》一诗，这是一首关于神游仙境和人生如梦的逍遥诗。李白借助大胆神奇的想象、不可言及的夸张、波涛涌动的感情和天才浪漫的诗情画意为我们展现了一个人间无、天上亦难有的梦中景象。诗是这样写的：

> 我欲因之梦吴越，一夜飞渡镜湖月。湖月照我影，送我至剡溪。谢公宿处今尚在，渌水荡漾清猿啼。脚著谢公屐，身登青云梯。半壁见海日，空中闻天鸡。千岩万转路不定，迷花倚石忽已暝。熊咆龙吟殷岩泉，栗深林兮惊层巅。云青青兮欲雨，水澹澹兮生烟。列缺霹雳，丘峦崩摧。洞天石扉，訇然中开。青冥浩荡不见底，日月照耀金银台。霓为衣兮风为马，云之君兮纷纷而来下。虎鼓瑟兮鸾回车，仙之人

> 兮列如麻。忽魂悸以魄动，怳惊起而长嗟。惟觉时之枕席，失向来之烟霞。世间行乐亦如此，古来万事东流水。①

在梦中飞渡，一路上风光美景真是令人目不暇接：水荡漾，猿鸣啼，鸡高唱，熊咆哮，龙长吟；水生烟，天霹雳，山崩摧，洞扉开，日月照；霓为衣，风为马，云纷落，虎鼓瑟，鸾驾车。在此情景中，仙人列队，纷然而至。然而，一觉醒来，却魂飞魄动，只有长吁短叹，因为梦中的所有都化为乌有，只有睡觉时的枕席还在。李白最后发出这样的感叹：世间的欢乐也是一样啊，古往今来的事情都如东流而去的水一样，转眼即成空虚。

在元明清三代的戏曲中，写梦的作品特别多，几乎俯拾即是，可以说，梦成为元代戏曲重要的表现意象之一。如关汉卿的《关云长张翼德双赴梦》《钱大尹鬼报绯衣梦》《包待制三勘蝴蝶梦》，吴昌龄的《花间四友东坡梦》，徐渭的《玉禅师翠乡一梦》，冯梦龙的《风流梦》，蒋士铨的《临川梦》等，都是以梦为题材的佳作。这里值得提及的是明代汤显祖的戏剧创作。汤显祖以写梦而著称，他的“临川四梦”包括《紫钗记》《牡丹亭》《南柯记》和《邯郸记》，都与梦不可分割。更重要的是，汤显祖的“临川四梦”为我们营造了试图摆脱封建专制主义思想的压迫，而又极其超脱的梦境，宣扬人生如梦的思想和信仰。比如在《牡丹亭》中，汤显祖通过“惊梦”和“寻梦”两出戏，向人充分展示了“梦”的独特性：受到封建道德思想和文化严重压抑的

---

① 李白：《梦游天姥吟留别》，王琦注：《李太白全集》，中华书局，1993年版。

杜丽娘，在春日游园之后，强烈地感到了时光不再、生命短暂，并且有了相思之情，于是在梦中与柳梦梅相会、相恋、相欢。这次梦中的欢乐使杜丽娘有超拔尘俗之感。她心里思忖："昨日偶尔春游，何人见梦。绸缪顾盼，如遇平生。独坐思量，情殊怅恍。真个可怜人也！"在得不到梦中所见时，她长叹道："天呵，昨日所梦，池亭俨然。只图旧梦重来。"由此，杜丽娘开始寻梦，然寻柳梦梅不得而至于相思而死。死后三年，杜丽娘竟又能在冥间得其所梦，以至于死而复生。在《牡丹亭》中汤显祖打破了现实与梦幻的界限，并让其可以互相转化，从而使人能够超越世俗礼教的束缚，以一个"情"字、一个"真"字统摄全剧。

还有曹雪芹的《红楼梦》就是写红楼"梦"断的小说。整个作品写的就是一个繁花似锦的大观园经历繁盛最后人走园空、一片凋零的故事，这一点作者在书的第一回就写得很清楚。作者写道："此回中凡用'梦'用'幻'字，是提醒阅者眼目，亦是此书立意本旨。"人生如梦、四大皆空的观点，在第一回的《好了歌》中表现得最清楚。还值得提及的是，《红楼梦》中常常写到"梦"，其中以第一回写"甄士隐梦幻识通灵，贾雨村风尘怀闺秀"和第五回写"游幻境指迷十二钗，饮仙醪曲演红楼梦"最为突出。如在第五回里，作者这样写梦中的仙境："宝玉刚合上眼，便惚惚的睡去，犹似秦氏在前，遂悠悠荡荡，随了秦氏，至一所在。但见朱栏白石，绿树清溪，真是人迹希逢，飞尘不到。宝玉在梦中欢喜，想道：'这个去处有趣，我就在这里过一生，纵然失了家也愿意，强如天天被父母师傅打呢。'"而后，宝玉就到"太虚幻境"观看十二钗过去未来簿册。在整个梦中，作者写下了这样的诗句，处处表达了“人生如梦”的人生观，如“春梦随云散，飞花逐水流”，“假作真时真亦假，无为有处有还无”，“春恨秋悲皆自惹，花容月貌为谁妍”，“枉自温柔和顺，空云似桂如兰”，“三春争及初春景，虎兕相逢大梦归”，“清明涕送江边望，千里东风一梦遥”，“展眼吊斜晖，湘江水逝楚云飞”，“可怜金玉质，终陷淖泥中”，“金闺花柳质，一载赴黄粱”，“幽微灵秀地，无可奈何天”。[①]这些诗句都指向了人生的悲剧性，使人有明悟之感。

梦，这个永恒的秘密，它是人类潜意识中的一个奇观，当人们与这个世俗世界相分离时，它才悄然走出，占据并操纵着人的整个意识活动。它虽有暴虐恐惧的时候，但也还有施恩惠泽于人类之时。就后者而言，梦不仅可为人类营造一个圣地，让人充分享受欢乐、美妙与自由，而且还会给人以启迪——人生是多么短暂，真有如一场春梦，转眼即逝。理解了这一点，人的一生就不必斤斤计较得与失、成与败、誉与毁，等等，而应该变得潇洒、达观、从容而自由，以求能有一个充实、饱满、快乐的人生。

四　向往仙地

中国古人在处理与自然的关系中，往往不像西方人那样采取对抗的态度，而是追求与自然的和谐，试图去理解和探寻自然的秘密。在这个探索过程中，中国古人就形成了非常奇特的想象力

① 曹雪芹：《红楼梦》，人民文学出版社，1985年版。

和超凡脱俗的感悟能力。慢慢地，中国古代文化就有了一种理想主义的追求，即关于仙地的梦想与营造。也就是说，与现实世界相对，中国人一直在为自己构筑一个一尘不染的乐土，希望它能给人带来永恒的幸福。

世外桃源是中国人心目中的美好梦想。由于世俗世界的复杂、动荡和污浊，人们只能在自己的心中营造一个安定、和乐而美好的家园。这里没有战争，没有专制统治，没有尔虞我诈的虚伪，也没有拼命的竞争与残杀。这里到处充满田园风光，人们相敬相爱，老有所养，妇幼受护，人心向善，民风淳朴，平等自由。早在《三国志》中就有这样的记载：田畴“入徐无山中，营深险平敞地而居，躬耕以养父母。百姓归之，数年间至五千余家”[①]。这是一个远离世间的和平宁静之地。从中可以看出桃花源的早期原型。比较典型的世外桃源设计者是陶渊明，他在《桃花源诗·并记》中这样写道：

> 晋太元中，武陵人捕鱼为业。缘溪行，忘路之远近。忽逢桃花林，夹岸数百步，中无杂树，芳草鲜美，落英缤纷，渔人甚异之。复前行，欲穷其林。林尽水源，便得一山。山有小口，仿佛若有光。便舍船，从口入。初极狭，才通人；复行数十步，豁然开朗。土地平旷，屋舍俨然，有良田、美池、桑竹之属。阡陌交通，鸡犬相闻。其中往来种作，男女衣着，悉如外人。黄发垂髫，并怡然自乐。见渔人，乃大

① 《三国志》卷十一，《魏书》十一《田畴》。

惊，问所从来，具答之。便要还家，设酒杀鸡作食。村中闻有此人，咸来问讯。自云先世避秦时乱，率妻子邑人来此绝境，不复出焉，遂与外人间隔。问今是何世，乃不知有汉，无论魏晋。此人一一为具言所闻，皆叹惋。余人各复延至其家，皆出酒食。停数日，辞去。[①]

这一桃花源的理想境地是超世脱俗的，带有原始的古朴民风性质。实际上，陶渊明归隐后的生活环境、心态等都是桃花源式的。在陶渊明之后，由于战争频繁，人民生活艰苦，社会黑暗，一代代中国人尤其是知识分子一直在做着桃源的美梦。只是越到后来，人们越偏于追求“精神式”的桃花源。他们更多的是在世俗社会中求得一分安宁、一块净土。如苏东坡身陷海南，但仍怡然自乐、其心融融。我想，在他心灵深处，是将边地的海南当成世外桃源了，否则，他怎么能对这样的恶劣环境也饱含深情呢？隐居孤山 20 年的林和靖，梅妻鹤子，吟诗抒怀，他心中显然有着陶渊明式的“桃花源”梦想。还有袁枚，他在南京时花三百金购置随园，对其整修一新。在随园里，置有江楼、溪亭、小桥、舟楫、山岫、水流、花木、长廊等，简直就是一个桃花源。袁枚对随园钟爱有加，曾说：“余竟以一官易此园，园之奇，可以见矣。”关于在园中的欢乐，袁枚曾表示说：“年且就衰，以农易仕，弹琴其中，咏先王之风，是亦不可以已乎？”[②]林语堂客居美国数十年，最后叶落归根，回到台湾。在生活的定址上，

---

① 王瑶编注：《陶渊明集》，人民文学出版社，1990 年版。

② 袁枚：《袁枚文选》，第 251、255 页，作家出版社，1997 年版。

他最后还是选定了阳明山，并亲手设计了一所很优美的房屋。这所房屋是白色的围墙，红色的大门。其中有精致的花园，院子里有树、鱼池。站在阳台上可以看到对面绿色的山景。房屋下面是草地，可以种菜、养花和养鸡。林语堂的女儿林太乙这样写道："这是恍然隔绝尘世、可遇不可求的美梦，父亲犹如再回到故乡，一个变成《爱丽丝梦游记》般的故乡！他在小院子中叼着烟斗对那一小池鱼沉思，他坐在阳台望着远山、林木，心想，如果在园里养一只鹤，可多好。"①很显然，在林语堂的心灵深处也有着陶渊明桃花源式的理想。林语堂曾在《生活的艺术》中专门谈到"爱好人生者：陶渊明"，其中说道："他的花园，那伸到他庭院里的树丫枝，他所抚摸的孤松，这许多太可爱了"，"陶渊明仅是回到他的田园和他的家庭里去。"②看来，林语堂对陶渊明的桃花源是情有独钟的。还有金庸，他在武侠小说里反映了一种桃花源式的审美理想。金庸在小说中常常写到一些超凡脱俗的绝境、胜境，如曼陀山庄、绝情谷、桃花岛等，这些地方都是有着奇异的山水美景，灵光气韵，集中了大自然的精华，令人有隔世脱俗之感。只是与陶渊明笔下的桃花源不同，金庸笔下的这些灵地也同样充满了世俗人间的纷争、阴暗、仇杀和污浊。

事实上，后世的一些文人，一面对陶渊明的桃花源心向往之，一面又将这一意象转化为内在的审美倾向及其趣味。尽管现实世界越来越走向世俗化、虚假化，但他们一直试图寻找一块安

---

① 林太乙：《林语堂传》，第 252 页，中国戏剧出版社，1994 年版。

② 林语堂：《生活的艺术》，第 124 页，东北师范大学出版社，1994 年版。

宁之地，一块桃花源式的灵地、圣地，以便将自己从世俗尘嚣中超拔出来。虽说在人类生活的这个星球上，寻求一块安宁与沉静的乐土日益变得不可能，但人们仍未停止这种追求，哪怕是一处花园、自己的书斋，也可享得一片安宁与超脱。尽管自汉魏至今已经过去了一千多年，但人类追求超脱世俗的梦想——桃花源灵地的努力却一直没有停止过。

寺观庙宇也是人们试图摆脱世俗人生而为自己营造的一块圣地。为了不受世俗世界的污染，佛道文化应运而生。佛教文化与道家文化尽管各有各的教义，各有各的理想和修行方法，但有一点是共同的，它们都希望超越世俗人生的藩篱。如何超越世俗人生呢？首先是从世俗众生中逃离出来，进入清静之地，所以，佛道二教就建立了自己的修行场所，即庙宇和道观。这些庙宇道观大多远离热闹都市，远离世俗众生，而栖身山林之中。回归自然，在山林的宁静中充分体悟自然之道。其次，寺观庙宇还可以使人在其中宁静致远心清明。道家注重养气，佛家讲究虚致和顿悟。比如李白既酷好道教，又对佛教有所浸染，他曾写过《庐山东林寺夜怀》一诗，诗中写到寺宇身处大自然的宁静之中，自己前往寺宇，以求清心修善、明彻感通的情怀。诗中写道：

我寻青莲宇，独往谢城阙。霜清东林钟，水白虎溪月。天香生虚空，天乐鸣不歇。宴坐寂不动，大千入毫发。湛然冥真心，旷劫断出没。[①]

---

① 李白：《庐山东林寺夜怀》，王琦注：《李太白全集》，中华书局，1993年版。

在这里，寺院庙宇从世俗喧嚣中超脱出来，与大自然完全融合在一起。霜清，水白，天乐鸣响不歇，天地灵性挥发。而李白则在宁静的寺宇中，充分体会自己的一片真心，这是脱去俗气后的一片透明之心。还有弘一法师，作为中国现代艺术的创始人之一，作为一名修养很高的文人，他在38岁那年，离开了世俗人生，到杭州的虎跑寺出家为僧。从此弘一法师清修苦行，刻苦磨砺心志，结果成为一代宗师。弘一法师之所以离开世俗皈依佛门，就是看中寺宇的清静和超脱。曾有一段时间，弘一法师为自己的不超脱而自我检讨、忏悔。在《最后之忏悔》一文中，弘一法师这样反省自己："就是我的朋友也说我：以前如闲云野鹤，独往独来，随意栖止；何以近来竟大改常度，到处演讲，常常见客，时时宴会，简直变成一个'应酬的和尚'了。"当然，寺观庙宇给人带来的超脱并不是绝对的，人在俗世而葆有佛道之心，修成正果的也不是没有，比如鸠摩罗什，只是他们往往将自己的内心作为圣地罢了。可以说，佛就是让人明慧通脱的，让人从世俗世界中抽身而出，进入一个灵智的世界，无拘无碍的世界。佛给人的启悟和超升是无言的、永恒的。就如有的学者体会到的："我将永远用虔敬的心灵眼睛注视着佛—— 一个慈祥宽和、宁静深邃的东方智者，不时地在庄严美妙的钟鼓梵音中迷醉自己，提升自己，感悟人生的奥秘和永恒。"①

灵物也是中国人心灵获得解放的重要存在物。在中国人的观念中，万物都有生命，并且都是有灵性的，天长日久，有的灵

① 谭桂林编：《二十世纪中国佛教散文·前言》，江苏文艺出版社，1996年版。

物是可以成精的。所以，灵怪异物在中国文化中最为常见。天、地、日、月、星、云、山、河等有形的事物都是神灵，虎、龙、蛇、龟、狐、兔、禽、鹤等有生命的动物都有魂灵，树、花、草等植物也都是有精魂的。因此，在《山海经》里保存了很多中国古代的神话传说。《山海经》是我国一部非常珍贵的奇书，书中有人面马身神、人面牛身神、人面鸟身神、猪身八足神、三面一臂人、一目国、三身国、女子国、不死国，等等，真是无奇不有。比如有一种神叫“天吴”，书中这样介绍说：

朝阳之谷，神曰天吴，是为水伯。在北垂垂两水间。其为兽也，八首人面，八足八尾，皆青黄。[①]

这么一个人不人、鬼不鬼的竟由八个人头、八只脚和八个尾巴组成的东西，是很令人感到奇异的。这种“神”充分增加了人的想象力，也将人从世俗世界的既定规则中解放出来。因为将人以往的既成规范打破，这本身就是一种根本的自由和解放。事实上，中国文化尤其中国文学中的许多作品都受到《山海经》的影响。这里比较突出的有屈原的《楚辞》、吴承恩的《西游记》和蒲松龄的《聊斋志异》等，这些作品中都有大量的灵物鬼怪的描写，并且也是极尽夸张之能事。比如，在《西游记》中的孙悟空就是由一块通灵石变成的。书中第一回就写“灵根育孕源流出，心性修持大道生”。作品这样写道：

① 袁珂校注：《山海经校注》，第303—304页，巴蜀书社，1996年版。

> 那座山正当顶上，有一块仙石。其石有三丈六尺五寸高，有二丈四尺围圆。三丈六尺五寸高，按周天三百六十度；二丈四尺围圆，按政历二十四气。上有九窍八孔，按九宫八卦。四面更无树木遮阴，左右倒有芝兰相衬。盖自开辟以来，每受天真地秀，日精月华，感之既久，遂有灵通之意。内育仙胞，一日迸裂，产一石卵，似圆球样大。因见风，化作一个石猴。五官俱备，四肢皆全。便就学爬学走，拜了四方。目运两道金光，射冲斗府。①

就好像《红楼梦》中贾宝玉那块宝玉是天地育化的精灵，不是凡间之物一样，孙悟空就是超凡脱俗的大自然的精灵。与此相关的还有白龙马、红孩儿以及那些妖魔鬼怪，都不是人间之物。还有李汝珍的小说《镜花缘》也受《山海经》的直接影响。如《山海经》的《海外东经》中写了“君子国在其北。衣冠带剑，食兽，使二大虎在旁。其人好让不争。有薰华草，朝生夕死”，而《镜花缘》也写了君子国，国中人“好让不争”“礼相往来”，真是桃花源的世界。另外，《镜花缘》中的众花仙也是天地精英，有的超凡脱俗，令人读后心驰神往。

即使到了现代，也有许多作家深受《山海经》的影响，比如鲁迅就曾写过《阿长与〈山海经〉》一篇散文，并且，鲁迅在别的文章中也表达了对天地间灵性事物的感想。如在《从百草园到三味书屋》中，鲁迅写道：“有人说，何首乌根是有像人形的，

---

① 吴承恩：《西游记》，第 3 页，人民文学出版社，1991 年版。

吃了便可以成仙，我于是常常拔起来，牵连不断地拔起来，也曾从此弄坏了泥墙。”[①]在此文中，鲁迅还记述了长妈妈向他讲“美女蛇”的故事。从这里，我们既看到了鲁迅所受《山海经》的影响，同时也理解了鲁迅通过这些神话及其中的“灵物”获得了相当的满足与解脱。这些神异的动植物以其特殊的魅力使得人们展开丰富的想象，带领人们从世俗人生走向一个自由自在、无拘无束的世界。

最有意思的是，许多灵物是会变幻的，动植物可以变人，人也可变为动物。《聊斋志异》里的狐狸可以变成美女，《镜花缘》中的花可成仙女。而《西游记》中更是变幻无穷：猪八戒能三十六变，而孙悟空则能够七十二变。有趣的是，孙悟空的金箍棒可以随意变化，可长可短，可大可小，大可通天，而小可成针，真是一件如意宝贝！这种变幻极大地开阔了人们的思维空间，也使人从中获得了一种超越精神。

寻找仙地，求道成仙，这是中国文化另一逍遥精神的来源。其原因有三：一是现实的苦难，希望摆脱困境；二是生命的短暂，希望长生；三是清心静欲，希望不受异化。中国人往往对成神成仙都心向往之。上自皇帝，中至士子，下至平民，成仙成佛的观念一直是相当顽固的。所以，长期以来，中国文化中有了越来越多的仙人仙地，这些仙人是得道之人，他们有性灵，能通神，可以知天地变化，晓人事沧桑，明生老病死。这些仙地远

---

① 鲁迅：《朝花夕拾》，第 278 页，《鲁迅全集》第二卷，人民文学出版社，1991 年版。

离尘嚣，清静和平，有着人间所无的妙处。胡孚琛、吕锡琛曾在《道学通论：道家·道教·仙学》中这样描述中国文化中仙人仙地的庞大体系：

> 仙真的队伍日趋庞大，其中有黄帝、广成子、赤松子、王子乔、西王母、东王公等古代传说中的仙人，有张道陵、葛仙公、魏华存、许真君、陈抟、北七真、南五祖等创教祖师，有左慈、郑隐、魏伯阳、葛洪、孙思邈、王文卿、萨守坚、张三丰等高道或内丹家，还有张果老、汉钟离、铁拐李、韩湘子、吕洞宾、蓝采和、曹国舅、何仙姑等神话人物及一些神龙见首不见尾的江湖高人。
>
> 道教中传说，有十洲三岛，上生仙草灵芝，有宫阁楼台，仙童玉女，为诸仙真游息之处。在中国的名山大川之中，还有风景秀丽的洞天福地，为道教仙真修炼之所。其中包括王屋山洞、委羽山洞、西城山洞、青城山洞、句曲山洞、林屋山洞、括苍山洞等十大洞天。还有霍桐山洞、东岳泰山洞、南岳衡山洞、西岳华山洞、北岳常山洞、中岳嵩山洞、峨嵋山洞、庐山洞、四明山洞、武夷山洞、九疑山洞等三十六小洞天。七十二福地多是古仙得道之处，最适合道士修炼。其中包括地肺山、盖竹山、君山、龙虎山、阁皂山、鸡笼山、桐柏山、天柱山、中条山、泸水、北邙山等。[①]

---

① 胡孚琛，吕锡琛：《道学通论：道家·道教·仙学》，第504—505页，社会科学文献出版社，1999年版。

由此观之，中国文化中的仙人仙地不是个别和外在的现象，而是普遍和内在的一种精神信仰，它根植于许多人的心灵最深处，成为一种美好的梦想。

对神仙的肯定，较早可能要追溯到庄子。庄子提出所谓“真人”，这个“真人”就是“至人”。真人不食五谷，眠无梦，生无忧，心中完全是一片清明。在《逍遥游》中，庄子塑造了“神人”的形象：

> 藐姑射之山，有神人居焉。肌肤若冰雪，淖约若处子。不食五谷，吸风饮露。乘云气，御飞龙，而游乎四海之外。其神凝，使物不疵疠而年谷熟。①

看来，庄子认为“神人”达到了最高的境界，他以天地的精气而生，不以五谷之俗物为食，白如冰雪，静似处子，可以飞翔，有无边的法力。这是庄子所向往的。在《淮南子》中竟也有这样的“仙人”，他可以：“驰于方外，休乎宇内，烛十日而使风雨，臣雷公，役夸父，妾宓妃，妻织女。天地之间何足以留其志？”②当然，《淮南子》中的“仙人”与庄子的“神人”有了不少区别，那种灵性脱俗、神圣纯洁的仙气有所淡化，而世俗的可以娶妻生子、傲然霸道的狂气有所增加，但那种我行我素、无羁无碍的超脱精神却是共同的。

越是到后来，追求仙人仙地的倾向越为突出，人们长生不

---

① 郭庆藩：《庄子集释·逍遥游》，中华书局，1995年版。

② 《淮南子·俶真训》，《诸子集成》第七卷，上海书店，1994年版。

老的渴望也越强烈。秦始皇一直希望自己长生不死，到处寻求不老不死的灵丹圣药。据《史记》载，秦始皇曾到泰山，“过黄陲，穷成山，登芝罘”。后来，齐人徐福等上书，说海中有三神山，分别是蓬莱、方丈、瀛洲，那里有仙人居住，请秦始皇选派童男童女前去求仙。于是秦始皇派徐福征发数千童男童女，到大海求仙。《史记》又载，有一个姓庐的书生对秦始皇说：“臣等求芝奇药仙者常弗遇，类物有害之者。方中，人主时为微行以辟恶鬼，恶鬼辟，真人至。人主所居而人臣知之，则害于神。真人者，入水不濡，入火不热，陵云气，与天地久长。”[①]庐生所谓的“真人”很明显受到了庄子“真人”的影响。问题是秦始皇居然信以为真。

汉武帝对仙人仙地的崇拜比秦始皇有过之而无不及，他的一生几乎没停止过对长生不老的追求。汉武帝重用方士，因此求仙之风日盛一日。公孙卿是最热衷于求神寻仙的一个，史书上多次记载他向汉武帝献计的事。有一次他竟告诉汉武帝说，他在东莱山见到神人，并说神人要见天子。汉武帝于是拜公孙卿为中大夫，并到东莱宿数日，只是没有见到什么真人。武帝于是派遣了很多方士求神怪采芝药。汉武帝还建立太液池，其中有蓬莱、方丈、瀛洲、壶梁，就好像海中有山龟鱼的样子。《史记》这样记载汉武帝的好仙和方士的活跃：“而方士之候祠神人，入海求蓬莱，终无有验。而公孙卿之候神者，犹以大人迹为解，无其效。天子益怠厌方士之怪迂语矣，然终羁縻弗绝，冀遇其真。自此之

① 司马迁：《史记·秦始皇本纪第六》，中华书局，1989年版。

后，方士言祠神者弥众。”[1]看来，如果不是汉武帝希望遇到真人，求神寻仙的方士何以越来越多？李白一生好仙，也被人称为“诗仙”。李白一生写了不少游仙诗，表达了对仙人和仙地的向往。在《下途归石门旧居》一诗中，李白写道：

> 吴山高，越水清，握手无言伤别情。将欲辞君挂帆去，离魂不散烟郊树。此心郁怅谁能论，有愧叨承国士恩。云物共倾三月酒，岁时同饯五侯门。羡君素书常满案，含丹照白霞色烂。余尝学道穷冥筌，梦中往往游仙山。何当脱屣谢时去，壶中别有日月天。俯仰人间易凋朽，钟峰五云在轩牖。惜别愁窥玉女窗，归来笑把洪崖手。隐居寺，隐居山，陶公炼液栖其间。凝神闭气昔登攀，恬然但觉心绪闲。[2]

越地多迷信，为鬼神出没处。洪崖为传说三皇时伎人得道成仙者。整个诗作笼罩着一股仙气和对得道成仙的向往。这种境界确实有超凡脱俗之感，使人读之亦怡然自得，心绪宁静而安闲。这也是为什么李白的诗中有一种飘飘欲仙的气韵，浑然不是食人间烟火所能产生的。白居易曾在庐山建立草堂，其中有一丹炉，试着炼制仙丹。但由于接到朝廷让他做官的任命，就没有继续炼下去。

苏东坡、苏辙兄弟也颇受佛道思想的影响，其中受道家文化的影响尤其突出。在被流放期间，苏东坡就自练瑜伽功，还开始

---

① 司马迁：《史记·孝武帝本纪第十二》，中华书局，1989年版。

② 李白：《下途归石门旧居》，王琦注：《李太白全集》，中华书局，1993年版。

炼丹。在《思无邪斋记》中，苏东坡谈到他靠吸收饮食的元气、日月和草木的精华，再加上铅汞的帮助，就可以配养元力。苏东坡炼丹显然对他身体健康益处不大，因为人生有命，生老病死是人力不可违抗的。苏东坡在他 64 岁时还是病故了，从中可见试图靠炼食丹药以永天年是不可能的；相反，因大量吞食丹药而中毒身死者却大有人在。相比丹药效果，更值得注意的是苏东坡在炼丹时的逍遥心境。在给一位患有肺病的道士的信中，苏东坡说的养生之道是有道理的。他说："嵇中散云，守之以一，养之以和，和理日济，同乎大顺。"苏东坡的弟弟苏辙也喜爱神仙之道。史载，苏辙有一次生病刚刚痊愈，当时天清日高，就让仆从晒书。因闲着无事，苏辙拿起一本《山海经》，慵散而读，不知不觉地睡着了。他做了一个梦，梦见自己来到一个地方，这里楼观高大，朱粉耀眼，奇花异草丛生，并有丹霞紫烟升起。门上写着"神府"二字。这里有碧池、雕栏，阁中有九人在一起饮酒。他们披鹤氅，或紫或白，有的弹琴，有的下棋，有的闲谈。当他们看到苏辙，立即邀他同坐。其中有一苍颜白发者问苏辙道："你是尘世中人吗？是怎么来到这里的？"原来，这里是"金泉洞天"。后来，九人中不断有人论及长生不老之法。其中有人拍着手唱道："红尘纷处兮人间世，白云深处兮神仙地。仙家春色兮亿万年，蟠桃香暖兮双鸾睡。北看瀛洲兮咫尺间，西顾方壶兮三百里。逍遥无为兮古洞天，洞天不老兮无人至。"过了很久，苏辙被家人叫起，惊而作《梦记》。[①]这个梦不论真假若何，有

① 洪迈：《夷坚志》卷四八。

一点是肯定的，梦见仙人，梦游仙地，这是中国人的一种意识或潜意识，他们都希望自己能超凡脱俗、长生不死，进入一种没有痛苦、没有烦扰、没有倾轧、没有仇杀的无拘无碍、自由闲适的境地，以便永享生命的美好。

应该说，在精神、心理和审美上通过对“仙人仙地”的想望追求一种放松、解脱和逍遥，这是无可厚非的，尤其对从事文化艺术的人来说更是如此。但如果将求仙求神当成一种可以实现的事实去追求，那就是荒唐可笑的事情了。轻则将会误己丧命，重则将会失国误国，尤其对那些政治家来说更是如此。一旦一个政治家迷恋于求仙求神，希望长生不老，那么，国家必会受其重创，耗损元气，更甚者会有亡国之灾。比如说，秦始皇在没有迷恋求仙时，国强民富，一片太平。而自从他信奉神仙，国事日危，整个秦朝享日很短即是明证。汉朝自武帝始国势渐渐走向衰弱，国家为武帝求仙所付出的代价也实在太大了。

总之，作为文学、精神和心灵的一种梦想，仙地的营造在一定程度上有助于人们解脱身心的羁绊，从世俗世界的纷争与污浊中抽身而出，达到一种灵心洁手和清明逍遥的境界，但如果过分强调这种“仙地冥想”的力量和作用，并将其范围扩大到无以复加的地步，其危害也是相当大的，它会使人丧失理性和判断力，迷惑心性，误入歧途。可以这样说，仙地的梦想比较适合于那些学问广博、内心清明、道行修为较高的智者，他们能驾着“云车”驰骋于天地之间，给人类送来日月光辉与甘霖雨露。所以，当我们读庄子、陶渊明、王维、李白、苏轼、苏辙等人的诗文，欣赏王羲之、贯休、张旭、宋徽宗等人的书画艺术，观瞻公孙大娘舞剑和汤显祖的戏剧等，心灵的充实、灵透、清明和逍遥是无法用语言形容的。如宋徽宗曾作《梦游化城图》，对仙地幻境进行了动人的描绘。元代汤垕在《画鉴》中说：“徽宗自画《梦游化城图》，人物如半小指，累数千人，城郭宫室，麾幢钟鼓，仙嫔真宰，云霞霄汉，禽畜龙马，凡天地间所有之物，色色具备，为工甚至。观之令人起神游八极之想，不复知有人世间，奇物也。”此种观感非平常俗画可以比拟！又如唐玄宗曾梦游广寒宫而作《霓裳羽衣曲》，在《龙城录》“明皇梦游广寒宫”条有这样的记载：

> 开元六年，上皇与申天师、道士鸿都客，八月望日夜，因天师作术，三人同在云上游月中。过一大门，在五光十色中飞浮宫殿，往来无定，寒气逼人，露濡衣襟皆湿。顷见一大宫府，榜曰：“广寒清虚之府”。其守门兵卫甚严，白刃粲然，望之如凝雪。时三人皆止其下，不得入。天师引上皇起，跃身如在烟雾中。下视王城崔巍，但闻清香霭郁，视下若万里琉璃之田，其间见有仙人道士，乘云驾鹤，往来若游戏。少焉步向前，觉翠色冷光，相射目眩，极寒不可进，下见有素娥十余人，皆皓衣乘白鸾往来，舞笑于广陵大桂树之下。又听乐音嘈杂，亦甚清丽。上皇素解音律，熟览而意已传。顷天师亟欲归，三人下若旋风，忽悟若醉中梦回耳。次夜，上皇欲再求往，天师但笑谢而不允。上皇因想素娥，风中飞舞袖被，编律成音，制《霓裳羽衣曲》，自古洎今，清

丽无复加于是矣。①

不论唐玄宗是否真有这种机缘，在天师的带领下畅游广寒宫，并得见仙人道士和素娥众仙女，也不管唐玄宗的《霓裳羽衣曲》是否得之于仙地的感悟，但关于仙人和仙地的想望确实有助于艺术的生成，有助于人的精神超脱于现实世界，在一个更广大、更自由的奇妙世界自由飞翔。也许对人类来说，他们确实需要对仙人和仙地的幻想来弥补和扩展现实世界的有限性和束缚。

物质的世界、理性的世界对于人类来说确实是不可或缺的，这是科学精神的重要部分，没有它，人类就极容易被天地间的光芒炫目迷惑。但另一方面，人类的头脑和精神却日益被物质和科学占据，人的感性和心灵世界变得越来越狭小和贫乏。人们已经渐渐丧失想象力、悟性、幻觉与梦想等方面的能力。这不仅仅使文学、艺术等越来越趋于功利化、模式化，而且使人类越来越受到异化。某种程度上说，人类的感性和心灵远比理性和身体的发展更为困难，也更为重要。

① 转引自傅正谷：《中国梦文化》，第484页，中国社会科学出版社，1993年版。

有无相生

——生命本相与人生醒觉

对那些没获得人生智慧的人来说，他们的思维往往比较简单，以一元化甚至隔膜的态度来看待世界人生。“有”就是有，“无”就是没有；能看见的为真，看不见的就是假；拿在手里时为实有，拿不到就是失掉。于是乎，形成一种近于只重眼前利益、目光如豆、心胸狭窄的人生观和价值观。

其实，世界人生复杂多变：有时真的就是“真”，假的就是“假”；但有时正相反，表面看来是“真”，其实为“假”。这就是《红楼梦》第一回开篇中所概括的：“假作真时真亦假，无为有处有还无。”

作为一个智者，尤其是一个逍遥者，他就要避免被“有”与“无”的表象甚至假象迷惑，进入一个通明和潇洒的境地。在有与无、真与假、得与失、困惑与清明、迷醉与醒觉等复杂关系中，得到一种超越性意向。换言之，通过自己的努力，驾着理性之舟，经由情感之风，凭借思想与智慧之水，抵达对于生命本真的认知，然后获得世界人生的醒悟。若果能如此，人就会达到一种境界："登东山而小鲁，登泰山而小天下"，衣带当风般穿云驾雾，有如庄子笔下那位不食五谷、吸风饮露的"真人"。老子是一个真人和智者，所以他曾用"有无相生"概括世界人生的真谛，为世人解惑答疑。

一　"有"生于"无"

作为生命个体，我们每个人生前都是一个"无"。由父母精血孕育，经母亲十月怀胎，然后出生为人，成为"有"。于是，从睁眼看世界那个时候开始，世界万象开始进入每个人的视野，随着年岁增长，一个人开始获得知识、经验、理性、智慧，"有"不断被放大，成为一个不断成熟的人甚至智者。由此可知，对于每个人来说，你并不是理所当然就是一个拥有者，而是原有的"无"。由"无"而始，经过父母、天风地气，还有更多的机缘，一个人才得以降生，再由多少人、事、物孕化，方成为"人"。因此，任何一个人，在由"无"到"有"的过程中，不能贪得无厌地攫取，而是要感恩与奉献。

扩而充之，孕生人与万物的天地也不是本来就有的，它也经过了一个由"无"到"有"的过程。所以老子说："无名，天地之始；有名，万物之母也。"[①]"天下万物生于有，有生

① 老子：《道德经》第一，王卡点校：《老子道德经河上公章句》，第1—2页，中华书局，1993年版。

于无。”[①]“道生一，一生二，二生三，三生万物。”[②]由此可见，从“无”到“有”也是天地生成的过程，天地万物是经过“道”“一”“二”至“三”才出现的，人类出现则是草木鸟兽虫鱼出现之后很久的事情。

据地球生命进化史可知，地球的产生距今已有45亿—46亿年，由于各种原因这段时光的大部分不为人知，只有近6亿年的历史较为清楚。地球上的生物早在30多亿年前就已出现，却处于低级菌藻植物的缓慢发展过程；三叶虫诞生于5.6亿年前，在2.4亿年前灭绝；人类的产生就更晚了，大约在数百万年前，约20万年前才进化为早期智人，约10万或5万年前才变为晚期智人，即所谓的现代人。至于中国人，有三皇五帝传说的时代约在8000—5000年前。约在4000年前，中国出现第一个朝代——夏，约2000多年前，中国第一个统一集权国家秦朝形成。综上，由天地万物之“有”，到人类社会尤其是统一封建专制王朝的产生，经历了相当漫长的生成发展过程。换言之，站在天地万物尤其是地球的面前，人类生命短暂得不值一提，甚至可忽略不计。这也是自“三生万物”之后的“有”之中的“无”吧！

如果循着人类历史的通道溯流而上，我们会发现一种极大的虚无，一种人类的渺小与虚无感就会油然而生。一方面，现在想到明清、唐宋、秦汉就感到很久远了，但到夏、商、周还不够

---

① 老子：《道德经》第四十，王卡点校：《老子道德经河上公章句》，第162页，中华书局，1993年版。

② 老子：《道德经》第四十二，王卡点校：《老子道德经河上公章句》，第168—169页，中华书局，1993年版。

一万年，这与地球产生于40多亿年相比何止霄壤？读司马迁的《史记》，其中写到某朝代时，很多帝王没有业绩记载，只点到为止：某某“死”，后某某“立”。一个个像雨点般更替。帝王尚且如此，芸芸众生何足挂齿，还不是如草木一样枯荣？这让我们想起白居易的诗句：“离离原上草，一岁一枯荣。”另一方面，地球存在了数十亿年，那是怎样的漫长时光，它将穿越多少“有”的通道，方能获得一个开始？这是比人类产生更大的虚空。

更重要的是，地球之外还有一个更加浩瀚广大、无边无际的宇宙，一个人类意识难以达到的“有”的时空。就太阳系来说，它除了包括地球外，还有水、金、火、木、土、天王、海王七大行星，以及无法计数的各式各样的小行星。在银河系中，像太阳这样的恒星多得无以计算，估计不会少于1000亿个。而这样的银河系在宇宙中，恐怕要有10万个。有人将宇宙比成一个半径1000米的大球，银河系在其中只是一个药片般大小。因此，站在这样的宇宙的“有”的高度来看，地球以及人类何其渺小，是一种可忽略不计的沧海一粟，是真正无法想象的“无”。

当我们胶着于自己的所“有”时，就追溯一下那些在人类历史上曾显赫一时却未留下姓名的帝王，以及千秋百代的芸芸众生。当我们感到自己非常重要甚至有些狂妄时，与地球的生命、宇宙的浩瀚比一比，就会获得一种谦卑与自足。当我们活得不快乐、不从容、不智慧时，就想一下天地宇宙之宽、万物世界之富。庄子当年临死时，弟子们汲汲以求，想方设法为老师寻找安葬之所。然而，庄子却说：自己一旦死了，闲抛野掷可矣。因为他要以天地为棺椁，以日月为珠宝，以江河为项链，这比用好棺材厚葬、被蚂蚁啃咬要好得多。庄子这样的人生态度其实是豁达自然的，是有宇宙意识的，是知道“有”的有限性，以及“无”的无限性的。因为从本质意义上说，在人类的长河中，每个个体都是一个点，一粒可以忽略不计的微尘；而在地球的生命中，人类也不过是眨眼的一瞬；在宇宙中的人类，更是“虚无”得不足道哉！真的是“不足道哉”也夫！

问题的关键在于，即使浩瀚如宇宙一样的“有”，也是由“大爆炸”之前的“无”形成的。所以，在“无”面前，所有的“有”都显得微不足道。这是一种觉悟，一种从天地境界与生命根本上获得的清醒。换言之，在硕大无朋、无以计数、难以想象的天宇面前，个人的那点得失又算得了什么？不过是电之一击、光之闪烁而已。因之，人的一生就没有必要被苦恼、不安、焦虑以及患得患失左右。不从别的方面说，只从这白驹过隙的短暂人生来看，就没有那个时间和必要。

二　空空如也

既然“有生于无”，那么，我们对这个世界的理解，就要回到本源，充分认识和体悟这个“无”字。佛家感言“万事皆空”，说的也是此理。一般人只是从现世生活尤其是一己个体来体验，就容易停留在“悲剧”的感受上。但从“无”之本源入手，所有的世界人生都是“空空如也”，此时的悲剧感就会化为一种醒觉、一种大彻大悟的智慧。

一个人的一生是“空”的。从母亲受父亲精气开始，母腹中的胎儿开始孕育，由无而有；当婴儿呱呱落地，他的第一声啼哭就宣示一个新生命来到世间。然而，生命更多的时候是“无”与“空”。不识字和没有知识文化是“空”，没有上学是“空”，没结婚生子是“空”，没有人世间的功名利禄是“空”，失败后品尝人生苦果是“空”，当失去经千辛万苦获得的所有是“空”，当走到生命尽头更是两手“空空”。总之，“空”几乎是命定般跟着每个人，无论是贫穷抑或富贵、悲哀或者快乐、失败者或是胜利者，都是如此。

一个残疾人就是一个残缺者，他以“无”和“空”诠释着生命的轨迹，以及不圆满的人生。一个健康人也并不会因其“有”，就逃离了“无”与“空”，包括那些传唱千古的英雄豪杰。不是吗？力大无比、几乎无人可及的唐代壮士李元霸，在风雨雷电面前不堪一击；更早一点的秦国秦武王力能扛鼎，却因没有敬畏之心，经脉断裂而亡；商纣王和楚霸王都以无敌于天下自傲，结果兵败身亡，留下“空洞”的笑谈，唯有司马迁对项羽多有同情，将之写成失败的英雄。

《三国演义》中的曹操、刘备、关羽甚至周瑜和诸葛亮也都有过“走背字”的时候，其人生、家世、国家都写过一个“空”字，所以电视剧就有关于“空”的片头曲：“滚滚长江东逝水，浪花淘尽英雄。是非成败转头空：青山依旧在，几度夕阳红。”①《西游记》中孙悟空，也是“悟空”了。《红楼梦》第一回就有这样的话：“因空见色，由色生情，传情入色，自色悟

① 罗贯中：《三国演义》，第 1 页，人民文学出版社，1994 年版。

空。”更重要的是《好了歌》，也是深入骨髓地透出世界人生的几度悲凉：“世人都晓神仙好，惟有功名忘不了！古今将相今在何方？荒冢一堆草没了。世人都晓神仙好，只有金银忘不了！终朝只恨聚无多，及到多时眼闭了。世人都晓神仙好，只有娇妻忘不了！君生日日说恩情，君死又随人去了。世人都晓神仙好，只有儿孙忘不了！痴心父母古来多，孝顺儿孙谁见了？”

纵观中国古代，历史沿革、朝代更替、国家兴亡、战争频仍，不也是呈现出历史的循环、重复甚至空转吗？中国古代历朝维持统治的时间，多则几百年，少则数十年、数年、数月，甚至更短，表现出某些空泛、无奈与荒谬。最突出的魏国篡汉，后来变成“三马分曹”，由魏变晋。从世界范围看，不少人类文明至今淹没不存，从后来的发掘情况看，像庞贝城的沉入地下是一个难解之谜，一座城市的突然消失将一段辉煌历史变成空洞与虚无。还有几次世界大战，曾使多少生命、文明转瞬即逝，化为历史的云烟？第二次世界大战中的德国和日本，曾经是怎样的强大蛮横，但很快就被打得落花流水，几近于无。今天的德国和日本虽然又变得强盛，但如何能遮掩曾经的由“有”变“无”？

山川草木、一年四季、天地运行也都离不开一个“空”。当春天的峥嵘岁月和夏日的繁盛已过，进入秋季尤其是冬天，山川空乏，万物萧瑟，动物冬眠，一切又归于一个“空”与“无”，那时，强盛的生命只有将翅膀、欲望收敛起来，在严寒中度过，等待来年的春天。当人们背诵着“对酒当歌，人生几何，譬如朝露，去日苦多”“神龟虽寿，犹有竟时”“人有悲欢离合，月有阴晴圆缺，此事古难全，但愿人长久，千里共婵娟”等诗句，一种天地间空空荡荡、万有归无的感受便会油然而生，形成一种心灵共振。其实，生命中的“空”与“无”才是世界人生和宇宙的本相，只是在比较中有其长短而已！庄子的《逍遥游》就是一个在对比中体验生命长短，最终体悟宇宙万物之“空”的文本。所以他说：“小知不及大知，小年不及大年。奚以知其然也？朝菌不知晦朔，蟪蛄不知春秋，此小年也。楚之南有冥灵者，以五百岁为春，五百岁为秋；上古有大椿者，以八千岁为春，八千岁为秋，此大年也。而彭祖乃今以久特闻，众人匹之，不亦悲乎！”①如果站在天地宇宙亦有寿命的角度观之，即使人寿可达千岁，大椿只在春秋两季即有一万六千岁，又何足道哉？！因为沧海与桑田是可以相互转换的。

人们常说，人的身体是“1”，其他一切都是“0”，这是强调身体的根本性和重要性。事实上，作为个体的人在天地宇宙中是何其渺小，那简直是不足挂齿！更何况，我们生活的宇宙也不是一成不变的，更不是不老不灭的。明白于此，我们就会理解天地宇宙、世界人生的本然性，那就是一个“空”字，或者进而言之，是“空空如也”！

三　努力与享受

面对天地宇宙和世界人生的“无”与“空”之本相，不同人有不同看法，也有着不同的活法，当然也就有了不同的人生观和

---

① 郭庆藩：《庄子集释》上，第13页，中华书局，2014年版。

价值观。最典型的是悲观厌世、遁世甚至消极的人生态度。如佛教徒式的万事空空、隐身修行是一种；及时行乐、今朝有酒今朝醉，甚至醉生梦死的人生态度是一种。这样的人生观看似看透了人生，实则是迷失了自我，被“空”与“无”挡在智慧门外，难以获得真正的超越性。

那种醉生梦死式的人生，我们不去说它，因为在“无中求无”“空中求空”，无异于和影子一起跳舞徘徊，是一种“破罐子破摔”的自我放逐，就如同徐渭笔下的“笔底明珠无处卖，闲抛闲掷野藤中”一样。在这些人看来，既然人生本质上是空的，那就要及时行乐，充分享受人生，以不辜负这良辰、美景、美食、美人，商纣王这样的帝王可为代表。这是一种行尸走肉式的活法，表面看他们得之甚多，实则没有精神高度与境界，也不会获得灵魂的安宁。

以“无”求“有”，由“空”入佛或道，用精神性超越物质性的活法，在世界人生中较有代表性，也成为不少人追求的目标。一般意义上说，这是非常难得的，是一种让心灵、精神不断超升的境界。比较典型的是陶渊明和佛家高僧，他们的品质与境界非一般人所能及。不过，需要指出的是，这样的人生观还是消极了些，有时看似潇洒实则难越阻隔，否则佛家就不会讲什么“六字真言”，反复持诵“嗡嘛呢叭咪吽”，以试图消除病苦、刑罚、死亡等各种恐惧。试想，不要说没有多少佛僧能真正进入智者的境界，即使真有大道藏身，他们往往也是过着远离尘世、接受供奉的生活，既非王阳明所言的“知行合一”、儒家尊崇的“身体力行”，更不是墨子践行的“摩顶放踵利天下”。

陶渊明的人生是集道、释于一身，是追求心灵和精神高度自由的典范，它为中国人带来的逍遥精神，是一笔不可多得的巨大财富。尤其在人生困顿之时，陶渊明教人以化解之法，可谓功不可没。这也是有人所言：中国人顺时为儒家，逆时为道家。鲁迅曾表示："前曾言中国根柢全在道教，此说近颇广行。以此读史，有多种问题可以迎刃而解。"[①]当然，道教与道家同中有异，但精神却一脉相承。有人认为，陶渊明是厌世派，其实这是错误的，因为他从没厌恶人生，而是对人生抱定快乐、超然、潇洒的态度。他不是嫌弃人生太长，而是苦于其短，对这白驹过隙的人生感慨系之。问题的关键是陶渊明对于人生的闲适、潇散甚至慵懒态度，才是其人生观的消极性。为了获得心灵和精神的超越，陶渊明退隐山林，甚至对于颜渊的"箪食瓢饮"[②]甘之如饴。这看似超脱了，但仍有不进取的方面在。关于这一点，在不少人身上都有遗存。像郁达夫，慵懒是出了名的，这对其一生都有不良影响，也是他的一个败笔。因为潇散慵懒，郁达夫有时拿了人家的定金，却不能按时完成任务，以致出现了"父债子还"的怪象。如 1939 年 9 月 4 日，身在美国纽约的林语堂为汉译自己的小说《京华烟云》，给郁达夫写信，并寄去 5000 美元译费，还有原书签注 3000 余条以做翻译参考。然而，到 1940 年郁达夫还没动笔，妻子王映霞劝他，既然拿了人家的钱，就要做事，否则对不

① 《鲁迅全集》第十一卷，第 365 页，人民文学出版社，2005 年版。

② 程树德撰，程俊英、蒋见元点校：《论语集释》第二册，第 386 页，中华书局，2012 年版。

起朋友。[1]林语堂在 1942 年《谈郑译〈瞬息京华〉》（《京华烟云》另一译本）中感叹："今达夫不知是病是慵，是诗魔，是酒癖，音信杳然，海天隔绝，徒劳翘首而已。"[2]数十年后，郁达夫儿子郁飞代父译出此书。

由"无"和"空"还能导出另一种人生观，即对人生抱着悲剧的看法，充满矛盾困扰和苦难感受。在他们看来，人生永远无法解脱这个空洞和无聊，总处于一种苦难的黑洞中，所以既不愿醉生梦死式的甘心沉沦，又不愿像佛教徒那样离开世俗进行参修，于是陷入进退维谷的矛盾境地。较有代表性的是周作人，他受到佛家思想和日本文化的消极影响，自号"苦雨斋主人"，总是以一副苦脸示人，从而造成人生的困顿与消极。像进入人生的网罟，这是一种被"空洞"包裹的悲剧人生观，他们更多的是在自己的小趣味中获得片刻安宁，更多的是痛苦与折磨，很难实现真正的超越，更不要说潇洒与逍遥了。

林语堂在这方面有他的价值观和人生观。一方面，他摸到了天地宇宙和世界人生的底牌，那就是"无"与"空"以及由此形成的本质悲剧性；另一方面，却不被这种本相和悲剧制约，而是以人的主体性、创造性和审美态度去超越它，这就是他所说的"苦中作乐"，以及"努力工作"和"尽情享受"。与那些只图享受和醉生梦死的人生不同，也与陶渊明式的闲适与慵懒有别，

① 参见王映霞：《林语堂和鲁迅的一次争吵》，萧南编：《衔着烟斗的林语堂》，第 20 页，四川文艺出版社，1995 年版。

② 陈子善编：《林语堂书话》，第 348 页，浙江人民出版社，1998 年版。

林语堂终其一生一直在努力工作，他以“拼命三郎”的精神写作，不仅著作等身而且创造出可以传世的经典作品。直到晚年，他还不放弃编撰英汉大辞典的工作，可谓笔耕不辍，活到老学到老。在这方面，充分表现了林语堂儒家的人生态度，为我们“努力工作”树立了典范。但另一方面，林语堂又与那些苦行僧、不懂生活的人不同，在努力工作的同时，又倡导闲适、优雅、快乐、自由的生活，希望过一种有品位、精神高尚的生活。所以，在繁忙的写作之余，他每年都会拿出完整时间出游，充分体会大自然的壮阔与美妙；他也喜欢美食、品茶、抽烟，以及看动漫和听唱片。林语堂甚至将自己比喻成那头安逸、知足、快乐的猪。

画家黄永玉也是一个努力工作、尽情享受的人。他生于1924年，现在94岁了，仍笔耕不辍，常有新作问世。他的笔名是黄牛、牛夫子，这不正是以默默耕耘、辛苦劳作的老牛自居和自喻吗？然而，在黄永玉身上还有另一人所不知、很难为人理解的特点，那就是他的好玩与天真。如果将其称为老顽童、大玩家和尽情享受的人也不为过。据说，他养狗、抽雪茄、收藏烟斗、玩跑车，兴趣广泛，常常每天玩到深夜，并感叹人世间好玩的东西实在太多了，只有自己把喜欢的事情做了，才能坐下来数着日子等待死亡来临。83岁的黄永玉登上《时尚先生》杂志封面，杂志这样评论说：“黄永玉不仅玩物玩到癫狂极致，更是玩出豁达心胸，这才是真正的大玩家。”可见，没有尽情享受人生的乐趣，是不会这样会玩的。“玩出豁达”就是一种潇洒和逍遥，这在黄永玉身上表现得非常突出。1997年，黄永玉正在香港画画，女儿着急地跑来告诉他：汪曾祺伯伯去世了。没想到黄永玉不但不震惊，也没表现出悲伤，而是很平静地说：好啊，好啊，汪老头也死了呀。一副超然事外的样子。对于自己的死，黄永玉也很看得开，他说："我死了，立即火化，火化完了，骨灰放到抽水马桶里，就在厕所举办个告别仪式，拉一下水箱，冲水、走人。"[①]这颇有点庄子对于死的观念，只是黄永玉将之更加戏谑化和世俗化了。

杂交水稻专家袁隆平、核潜艇之父黄旭华、热衷公益的邵逸夫、诺奖获得者屠呦呦，他们都没有退休与不退休一说，都是将一生献给自己热爱的事业，并乐在其中、乐此不疲，充分享受劳动、创造、奉献的真谛和意义。如邵逸夫名字中的"逸"，本身就有"逍遥"之意，他活了107岁，是个热爱工作和热衷公益的人。他说："我最快乐的事就是工作，我永远不会退休。"这是"努力工作"的最好注解，也是充分享受人生、达到逍遥境界的典范。

每个人以及世界的一切都起于"无"，都是"空"。问题是我们不能将自己变成一个空壳，也不能让悲剧、自私与不快占据心间，而应该在"努力工作"和"尽情享受"中找到一个平衡点，在创造与奉献中体验心灵与精神的超越性，以及内蕴于心的逍遥，一如将心灵之灯捻亮，把人生之火点燃，使精神光彩照人。对比天地宇宙与世界人生，每一个个体真的不算什么，是一个不值一提的"无"和"空"；然而，从人是天地间的精灵的角

---

① 牛皮明明：《黄永玉：世人笑我太疯癫，我笑世人不好玩！》，凤凰资讯网，2017年8月20日。

度观之，他可以通过自己的智慧创造出一片新天地，一缕可与阳光相媲美的生命之光。

四 得失由之

在现实生活和人生道路上，人们恐怕最难过的是名利关。所以常言道："天下熙熙，皆为利来；天下攘攘，皆为利往。"① "得"和"失"是悬于头顶的两把利剑，处理好了，就可披荆斩棘、所向披靡，处理不当，就会到处碰壁，甚至出现意想不到的结果。站在现实人生的层面，一定不可避免陷入名缰利锁的泥潭，因为聪明反被聪明误，身在庐山而难以自拔；但若从"有无相生"，尤其是站在天地宇宙的"无"与"空"中观之，对"得与失"就会获得一种新的体悟和理解。

我们一般都会直接理解得与失。换言之，"得"就是获得，"失"就是失去。得之，就会志得意满，心悦诚服；失去，就会垂头丧气，一蹶不振。这也是为什么许多人见利就挣，有好处就上，为了达到目的甚至无所不用其极。其实，这是一种极不智慧，也不超脱的人生追求，是一种愚蠢无知的价值选择。

从"无"的角度来看，连天地宇宙本来就是"空"的，何况我们生活的地球，以及地球上的所有物种，包括人类。因此，既然世界人生由"无"生"有"、从"空"到"实"，那么，所有的"实有"都将再次变成"空无"。这是天地宇宙、自然人生之

---

① 司马迁：《史记·货殖列传第六十九》，第3256页，中华书局，1989年版。

理，也是大道运行的必然规律。有了这样的认识，对于“实有”的态度和追求就会变得豁达起来，也认识到所有的“实有”，包括我们的身体乃至于灵魂都是“空无”的，其存在也只是暂时寄寓，就好像我们出游在外，住在宾馆都是寄旅，更进而言之，我们自己的家难道不也是一个“旅店”？这也是为什么，再富有的人也只是一日数餐、一夜一床，其他都是多余的。当一个人最终离开这个世界，他什么也带不走，连他的身躯也会化为乌有，变成一捧土、一股烟、一缕气，甚至最后连这些也没有了。将任何人的一生浓缩，都印证一个永恒不变的定律，那就是由“无”到“无”，从“空”到“空”，而其间所有的“有”与“实”都是暂时寄寓，是一种随时可能消失的“相”。换言之，与地球、天地一样，我们每个人都是一个传递者，一个保管员，一个击鼓传花似的“载体”。既然如此，我们还有什么必要执着于“有”之贪念，而不能放下，即在别人孜孜以求时，有一份清醒、一点潇洒、一种超然呢?

其实，“得”与“失”并不是字面意思那么简单，二者之间有着相当复杂甚至神秘的关系。有时，我们认为是“得”，其实是“失”；反之亦然。以围棋为例，从得失角度来说，主要分“实地派”和“势力派”两类。实地派非常注重得“利”，每步棋都追求获得最大实地利益，所以崇尚“金角、银边、草包肚”的信条。但殊不知，“实地”与“外势”是相对而言、相生相长的，任何人都不可兼得，好像鱼和熊掌不可兼得一样；实地占多了，就意味着“外势”丧失了。这也是为什么围棋上有个术语“贪吃必输”。势力派重视外势，它多将棋子下在中腹，占得实地虽少，但随着时间推移，其厚势、厚味和潜力就会渐渐显示和发挥出来，这就是所谓的“高者在腹”。因此，优秀的棋手，主要是掌握好“地”与“势”的均衡，尤其是不能失“度”。人生亦复如是，聪明人的最大短板和缺陷就是太过聪明，有时还目中无人、斤斤计较、喜爱捷径，所以容易造成“聪明反被聪明误”。这也是为什么，真正的成功者往往不是那些上智者，而是能虚其心、有恒心、意志坚强，同时悟性较高的人。这也是中国古代寓言“塞翁失马，焉知非福”的深意。许多厚道甚至愚笨之人，因不计较、能吃苦、耐得了寂寞、让字当先，到头来所得很多。这也是“失”本身就是一种“得”之道理。

从天地万物也可体会“得”与“失”的辩证关系。如庄子所言，笔直高拔的有用树木很快会被砍伐，而一棵在路边的歪树因为其缺陷却得以永年。一张渔网因为有空隙，即有所“失”，所以才能捕鱼，若换成一块严严密密的布就不成；隙大的渔网希望放过小鱼，所以才能捕到大鱼，并且不至于竭泽而渔。一个屋子如无空间，全是实的，就没法住人置物；一根笛子如无孔洞，而是一根实木，那也不能吹出美妙的乐音；中国书画与西方不同，它不希望写全画满，而是留下空白、计白当黑，甚至一笔画中也要飞白书，这也是深知“无”中之“有”、“空”就是“实”的道理。还有，一个人的童年，如过多时间被占，没好好玩过，即所谓的“浪费掉”，那他后来就极易失去发展后劲，以及对于学习的兴趣和新鲜感，那将是一种真正的“失”。这也是今天的应试教育的“得”中之“失”。表面看来，不少孩子参加了各种补习班，是一种“得”；但因不留“空白”，就会先“得”后

“失”。还有，对残疾人来说，上天对他们不公，是一种难言之“失”；然而，这种身体的残疾，又会唤醒身体中的潜能，也会让他们的意志、品质得到锻造，从而成就正常人难以成就的伟业。否则就难以理解美国作家海伦·凯勒，她在双目失明的情况下，何以能写出那么优美的作品？前面提及的邵逸夫也是如此，他将47亿港元拿出来做慈善，全国高校几乎处处可见“逸夫楼”，以世俗的眼光看，这是一种“失”，但邵先生自己却知道，这种“失”的背后是“得”，因为他收获了奉献、尊严、快乐、幸福，也得到了一般人不可想象的长寿与福运。即使最功利地讲，一面是做慈善的付出，一面是诚信与美德的收获，跟在后面的则是更加滚滚而来的物质财富。

当然，要真正处理好“得”与“失”的辩证关系，并非易事！这需要理解天地之道，有大道藏身的智慧，以及“天容地载”的德性。老子有言：“天之道，损有余而补不足；人之道则不然，损不足以奉有余。”[①]在现实生活中，要真正有“得”，不是靠人之道，而是天之道，尤其要有“德”作为支撑。换言之，有“德”之人，自然会从“无”变“有”；无“德”之人，不要说难“得”，就是得到了，他也守不住，甚至会变成灾难。不是吗？现实生活中，有的人发了横财，甚至一夜暴富，表面看来这是一种“得”，但如无“德”在，他不仅难以守住财富，还会使之变成毁掉子孙后代的祸根。

---

① 王弼注，楼宇烈校释：《老子道德经注校释》七十七章，第186页，中华书局，2012年版。

有个故事很能说明得与失的微妙关系，以及由“德”而“得”、因“德”享福的根由。据载，有个贵族带儿子到乡村游玩，孩子不慎落水，幸运的是落水儿童被一农民救起。当贵族向农民致谢，并给他钱物时，农民坚决不要，并表示说这是他应该做的。贵族无奈，想了一个两全其美的办法，他提出资助农民的儿子读书，农民正苦于无钱让孩子接受教育，就答应了。这个农民之子后来成了著名的医生，并发明了青霉素。他就是大名鼎鼎的亚历山大·弗莱明，1945 年诺贝尔奖的获得者。有趣的是，那个贵族公子在第二次世界大战中患上严重的肺炎，因青霉素而得以痊愈，他就是英国首相丘吉尔。[①]这个故事表面看来是一种巧合或机缘，但内里却包含着天地之道，即“得”与“失”的辩证关系，尤其是“德行”的根本性作用。正因为有“厚德”，才能自然地感恩戴德与愉快地付出，也才能得到福报。老子曾说：“故常无欲，以观其妙；常有欲，以观其徼。”[②]因之，只有在“无”中才能真正获得“有”，在“空”中才能真正找到“实”。

总之，越想“得”到的人，有时越得不到；而不想得到者，却有“得”送上门来。许多人处处为他人着想甚至舍身为人，有时却“得道多助”，受益良多。这就是人们常说的“有福之人不用愁，无福之人愁白头”，其中也内含着关于“得”和“失”、“有”与“无”、“实”与“空”的辩证法。这就好像虚空的大

① 《弗莱明与丘吉尔的故事》，历史新知网，2018 年 1 月 1 日。

② 老子：《道德经》第一，王卡点校：《老子道德经河上公章句》，第 2 页，中华书局，1993 年版。

海才能吸引百川到来，可做良琴的梧桐方能招来凤凰，德高望重者才是“桃李不言，下自成蹊”，都是一个道理。因此，以虚空之心、“无”之境界，顺其自然，得失由之，方能悟得天地之道，获得人生智慧，从而超越沉重苦难的世俗人生。这样的人，恐怕不逍遥都难。

化解之法
——在震颤中寻找平衡

在人的一生中，要真正做到逍遥，并非易事。因为作为世界上的“个体”，每个人都是微不足道甚至极为渺小的，他无法与天地宇宙抗衡。因此，要从天地自然中悟道，了解物性、人性，进而有大道藏身，顺应天地之道运行，这就是所谓“智慧的生成”。不过，除了“道”，还有“器”。在现实生活中，有时“道”易入，虽然它深藏不露，神龙见首不见尾；“器”则看似容易掌握，实则更难，因为方法有时常被忽略，又离我们太近，从而形成盲点。在“器”面前，我们还有一个局限，往往需要主动性和掌控能力，不似紧随“道”后、入其“道”中所产生的顺势而为。换言之，我们面对世界人生的困局，除了随天地大道运行，还要主动出击，在掌握技艺的过程中，有化解之法。就如同用“水”去化解“盐”，将面团拉成细如发丝的面条，以及用四两拨千斤的“力”消解“大力”一样。

一　活扣与死结

人生如网。我们每个人都身在其中，又要用它去打捞人生，这就难免要编织、修补、拆解这张硕大无朋之网。就如同一条鱼，它一面随时面临“网”的捕捞，一面在茫茫大海中随时面临被其他物种吞食，后者是一张比前者更大的“网”。因此，身在网中，任何人都不可避免受到这样或那样的束缚、威胁、危害。问题的关键是我们怎样对待这张网，尤其怎样看待那些“网结”。当然，人生之网远比渔网复杂，也充满变幻莫测的神秘，其中最值得我们重视和需要解决的是“活扣”与“死结”，这是需要高超技巧才能做到和解开的。

佛家说，人生来就是受苦的。某种程度上说，这是对的。因为一个人一生中很难处处都是坦途，也不可能事事如愿。说到底，人生就是迈过一道道山梁、一个个坎坷，然后方能走上平路，再然后又是更难走的人生之路。从此意义上说，真正的人生不是在顺利中获得意义，而是在不顺中以及在对于不顺的克服与战胜中获得超升，幸福感也由此而生。至于说坎坷人生路，对于不同的人有不同的理解和态度，也会呈现出不同的人生图景：对于惧怕困难的人来说，所有坎坷与苦难都是难以逾越的高山深水，都会产生悲剧感；相反，对于那些充满信心去克服困难、创造奇迹的人来说，脚下的不平甚至沟沟坎坎，不仅不是阻碍，反倒是考验自己、历练自我的磨刀石。生命的流水就是这样，当它看到巨石挡道，可能还怀有思虑甚至畏惧，而一旦以极大的勇气和毅力向它冲去，并一下子翻越而过，困难与阻隔就变得不那么可怕，反觉有些容易，至少没原来想象得那么难以战胜。事实上，人生不断遇到困难是常态，但遇到难越的瓶颈则往往不会太多。

我将人生易解的困难称为“活扣”，这是一些稍一用力甚至是举手之劳就可办妥的事情。表面看来，这些“活扣”很吓人，因为它们像脚下的一个个坑凹，密集于前行之路上。但稍加注意，这些坑凹就很容易越过，不会有什么阻碍。不过值得注意的是，对于“坑凹”和“活扣”如不认真对待，就会事与愿违，甚至出现阴沟里翻船的情况，也会因为不慎将“活扣”解成“死结”，即将简单问题复杂化。如围棋上有个顺序，对于“倒扑”这样的简单应对，本来是个“活扣”，一抽线就解开了；但若程序错误，不仅成不了“倒扑”和“解扣”，反会变成败局和死结。事实上，在现实中这样的事情太多了，这是一种弄巧成拙、南辕北辙的行为。如不少老人晚年得了癌症，本可在调整心态的情况下，用改变不良生活习惯、“带癌”生存的方式过活，那样既可延长寿命，又可免除昂贵的治疗费用，还可不受化疗痛苦，这是一种人生的“活扣”解法。然而，事实上，少有人能解开这个“活扣”，而是将它解“死”了，即在做手术和不断化疗中，将抵抗力和免疫力很快摧毁。且不说这种化疗方法要投入多少人力、物力、财力，只说病人所要承受的痛苦就难以估量，更何况不当的化疗更会加速病人的身体恶化，进入速死状态。因此，智慧的人生是顺利解开一个个横亘于前的“活扣”，就像轻松跨越眼前并不算高的栏杆，并获得一种自我实现的愉悦。不智慧的人生正相反，它首先将人生的“活扣”想象成死结，于是产生畏惧心理和抵触情绪；其次是不恰当地将“活扣”当“死结”解，且最后真的将“活扣”变成了“死结”。曾有这样一个故事：一个老太太活得很不快乐，更谈不上有幸福感。她每天坐在街头闷闷不乐，所有想让她开心的人都以失败告终。这一天，来了一个年轻学者，当得知事情原委，他就过去试一试。学者先问老太太为什么不高兴，有什么想不开的事。开始，老人一言不发，后来被学者的真诚打动，就这样对他说：自己有两个儿子，一个卖扇子，一个卖雨伞。晴天，卖雨伞的儿子没有买卖；雨天，卖扇子的儿子无人问津。听到这个说法，学者启发老太太道：你为什么不反过来想——不管晴雨，你都有一个儿子有买卖，有饭吃。常言道：每家都有一本难念的经，天底下不如意者十有八九。这样想，你的儿子每天都有喜事，也该知足了。听到这个说法，老太太终于开心地笑了，认为学者说得在理。这就是一个关于如何解开“活扣”的故事：年轻学者将它当成“活扣”解，可谓轻而易举和不费吹灰之力；但很多人却将它当“死结”解，结果因操作不当真的将它解成了“死结”，而且越解越死。这位老太太也就是这样，在自己为自己设定的内心“死结”中不能自拔，不快乐的人生也就越陷越深。

除了“活扣”，真正的“死结”在现实中并不多见。所谓“死结”，即是指那些像镣铐一样将一个人、一个家庭甚至一个国家及其人类固定在不自由的时空，很难打开困局。这颇似深陷泥淖、进入黑洞、落入平阳，以及进入死亡的魔咒之中。面对这样的“死结”，也无须悲观绝望，要相信天无绝人之路，经过努力完全可以解决矛盾。像关羽在身陷曹营、出走无望的情况下，终于靠忠义与诚信赢得了曹操的喜爱与宽容，并有了一条生路。

另外，据记载：“萧丞相营作未央宫，立东阙、北阙、前殿、武库、太仓。高祖还，见宫阙壮甚，怒，谓萧何曰：‘天下匈匈苦战数岁，成败未可知，是何治宫室过度也？’”在此，一个“怒”字鲜活地表现了刘邦的情状，这其实是他为萧何打了一个难解的“死结”。没想到，萧何一下子解开了，他这样回答：“天下方未定，故可因遂就宫室。且夫天子以四海为家，非壮丽无以重威，且无令后世有以加也。”此时司马迁说：“高祖乃说。”[①] 一个“说”（即“悦”）字，就将刘邦的快乐心情表露无遗。在快如闪电的瞬间，萧何能让刘邦由“怒”而“说（悦）”，解“死结”的功夫确实了得。由此可见萧何的应变能力和精于谋略。苏东坡被流放海南这个域外之地，当时的海南可不是今天人人向往的地方，而是一个闭塞、潮湿、白蚁满床的所在，加上气候和饮食不适，使得苏东坡有濒临绝境和绝望之感。然而，他很快战胜自我，并将自己投身于广大人民群众中间，从而获得了人生的快乐。其间，他除了学习盖屋、制药，还抄写经典，创造东坡肘子，甚至还练习辟谷，以吸食阳光充饥，完全是一个活脱脱的快活王。用林语堂的话说，苏东坡是个不可救药的乐天派，比中国其他诗人更具有多面性天才的丰富感、幽默感。他智能优异，心灵却像个孩子那样天真无邪。他挥动笔尖如一个玩具，由他的笔梢能够听到一组反映人类欢乐、愉快、幻灭和失意等一切心境的琴音。在世间大生命中，他只是不朽生机暂时显现的一粒小分子。他是哪一粒分子并不重要，生命毕竟是永恒的、美好

---

① 司马迁：《史记·高祖本纪第八》，第 385—386 页，中华书局，1989 年版。

的，他活得很快慰。这就是乐天才子苏东坡的奥秘。[①]有了乐天派的人生观，所有的人生“死结”都转瞬化为乌有。林语堂还说过，他最佩服这样的人：被莫名其妙送进监狱，而且没有止期和希望，却能安然无事、泰然自若。这样的人不管遇到什么挫折，都不会被打倒。在抗战期间，一位被日军俘虏的新加坡战士身陷囹圄，他遇到了人生的“死结”，从而感到悲观和前途未卜。但由于他背包里有一本林语堂的《生活的艺术》，于是每天读几页，从而获得人生的新感悟。他说，直到后来出狱，就是这本让他学会“生活的艺术”的书，给了他活下去的勇气，也给他不断带来惊喜以及生活的意义。

当然，解“死结”并非易事，除了需要耐心和毅力，更重要的是要有正确的人生观和价值观，还需要有点神秘感的“天启”。近现代以来的许多哲人、作家都没解开人生的“死结”，有的是越解越“死”，最后沉沦下去。尼采、叔本华、王国维、鲁迅、周作人、徐志摩、郁达夫、老舍、曹禺、邵洵美等都是如此，他们或自杀或被杀，或失恋或投敌，或病魔缠身或失落，一个重要原因是陷入人生的困局或死局。如徐志摩中了恋爱的魔，最后被情所伤；周作人失了民族大义，附逆日本人，为人所不齿；王国维、老舍以自杀结束自己的一生，其生命的“死结”至死也未解开；鲁迅不乏与命运搏斗的勇气，但因用力过猛，不到六十岁就周身是病，在带有虐待和自虐情结中永难走出自设的人生迷局。确实，人生的“死结”有时颇似欲提着自己的头发离开地球，那

① 参见林语堂：《苏东坡传·原序》，第19—23页，海南出版社，2001年版。

是一种近于痴迷的渴盼。不过，如无人生智慧，不能获得生活的艺术，那就会越陷越深。如史铁生的一生一直都在解“死结”，从身体残疾到精神和心灵的书写，由此获得了《我与地坛》这样的超越性意向。但整体而言，不论是肉体还是精神抑或是心灵，史铁生一直没有真正走出困境，进入一个智慧的层面，以获得天光一样的清澈通明，而是被诸多哲学问题缠绕，最后被折磨得身心疲惫、心力交瘁。如《病隙碎笔》就是这样一个充满智慧且被逻辑和思想缠绕的文本，描写了一个在解“死结”中被矛盾不断困扰、纠缠而难以自拔的过程。于是，“死结”变成更为复杂难解的一个更大的“死结”。

有时，死结也并非毫无头绪，或没有答案，就好像镣铐也有一把开启的钥匙、天地之门也有出入口一样。在悲观与绝望的“死结”面前，有时需要理由，但更多时候靠的是感性和悟性，尤其要靠神来之笔或者说是“不解决问题的方法”来解决。苏东坡在海南用的就是这样的办法，林语堂有时也用此法，所以林语堂自言，他人生的妙用除了积极进取外，一个重要方法是“不会与阵地同阵亡”，正所谓“三十六计走为上计”，这在他的爱情、社交上表现得最为突出。毛泽东领导中国革命，在很多生死存亡关头，用的也是灵活多变的“活学活用”方法。这让我们想到春秋战国时期，强大的晋国在攻打中山国时，进入太行山所受的游击抵抗战，那是一种灵活多变的“时聚骤散”的神奇用兵。在中日围棋擂台赛上，曾出现因“鬼手”而扭转败局的案例：本来一方绝无赢棋希望，想不到突然下出一步好棋，结果对方一下子变得无回天之力。这种“鬼手”即是解开“死结”的妙着，也是无为而为的一种灵感与智慧。还有这样一个故事：一人在村中的池塘边垂钓，因向后甩出钓鱼线，结果钩子正好钩住后面张口观看的人，弯钩深入喉咙后，无法医治。此时姗姗走来一乡间奇女子，她稍做检查，马上有妙手回春之法：让人取来一支竹子，使之中空，让丝线无钓钩的一端穿过，用竹子一端顶住鱼钩，将线抻直，再拉直鱼钩，问题迎刃而解。这是一种草根智慧，是用悟性、技巧化解人生"死结"的智慧，其精妙简直令人拍案叫绝。

古人云："盖文王拘而演《周易》；仲尼厄而作《春秋》；屈原放逐，乃赋《离骚》；左丘失明，厥有《国语》；孙子膑脚，《兵法》修列；不韦迁蜀，世传《吕览》；韩非囚秦，《说难》《孤愤》；诗三百篇，大底圣贤发愤之所为作也。"[①]这是解开人生"死结"的妙法。其实，司马迁的《史记》也是如此，面对令人屈辱的腐刑，他表现出大智、大勇、大慧、大才，从而穿越了人生的死胡同，进入一种开阔明朗、超凡脱俗的智慧书写和高尚境界。

二　张弛与刚柔

古人云："一张一弛谓之道。"只有做到刚柔并济，方能获得人生智慧。在化解人生苦难、解开生活困局的密码时，以超然的态度，张弛有度、能刚能柔，就显得至为重要了。这也

① 司马迁：《报任安书》，吴楚材、吴调侯选注：《古文观止》，第211页，中华书局，1996年版。

是天地之理、自然之道。当每个个体都能充分发挥主体性和创造性，进入一个妙用和神化的境地，逍遥才会不期而遇。

我们的生活往往紧张有余，很难做到放松。一般说来，紧张的生活自有其妙用，它能消解无聊与慵懒，更能使人保持一种奋发昂扬的动力与活力，将人的主体性充分发挥出来。就好像许多极限运动使一个人对自己的潜能都感到惊奇。拳击运动也是如此，有测试表明，世上最快的拳击手一秒钟能打出九拳，让人感到不可思议。百米大赛和跳高运动也是如此，其速度和高度一直在不断提升，也是人类挑战自我和极限的典范。不过，比较而言，现代人过于紧张，不少人甚至患上好动症、急躁症或抑郁症，身心难安。这就导致人生的优雅美感及幸福感丧失，让人很难真正进入深层的生活和生命体验之中。于是，粗率甚至粗劣或恶劣的人生基调逐渐形成，久而久之，一个人就很难获得沉静和悠然之感。其实，人生的最好感受莫过于此：夜深人静，一切安然，拥衣而坐，面对棋盘，手捻棋子，自己与自己手谈。当玛瑙棋子落在厚厚的木质棋盘上，敲出的是悠然，荡然于心的是超然。此时，身心就会进入一种物我两忘、一派天然的状态。这也是为什么，中国人自古及今都欣赏陶渊明式的人物，因为当世人被功名利禄污染后，还有人会欣赏高山流水以及鸟儿的鸣唱，即使身处萧瑟的秋风苦雨中也不为意！

其实，不论是在现实生活还是哲学的意义上，放松都是极好的状态：从身心上说，当一人像折叠衣服一样，可随心所欲打开自己的身体，也像太极、瑜伽、柔术、体操、舞蹈一样让身体变成一门艺术，这本身就是一种生命的张扬，也是一种心灵的花开与美的展示。难怪美国现代舞创始人邓肯的舞蹈是那样迷人，因为她打破芭蕾舞等各种成规，尤其是人化的不自然状态，而以自由之精神将自己融入天地自然中，从而获得一种真正的身心解放。据说，有人发生车祸后，内脏被震得难以归位，以至于身心都发生了变异，对此再高明的医生都没有办法。但通过瑜伽修炼，移位的内脏很快能恢复正常，这是一个关于医学、身体学、心灵学、精神学的重大课题。从这个意义上说，静修和静心对于身心与智慧来说大有益处。人一直处在紧张、躁动和焦虑中生活，是不利于身心健康的，也难获得宁静致远的智慧。

刚柔也是如此。天地间有一股阳刚的浩然之气，所以孟子说，一个人最重要的是，一定要养成这股天地间的大丈夫气。这在苏东坡身上一直存而不灭，也是他人生如乘东风的“快哉，斯然”。岳飞、文天祥、秋瑾、赵一曼这些人之所以能成为英雄，就在于他们有赤胆忠心和百折不挠的坚强意志，以及家国情怀和天地之心，所以才能以金刚铁骨的不坏之身向敌人也向自己挑战。因此，天地之间有一“阳”，也就有了凛然不可犯的正气。不过，另一方面，过刚易折，柔弱有时又能胜刚强，这也是天地之理。常言道，疾风知劲草。一棵柳树在寒风中飘拂，看似柔弱实则强大；抽刀断水看似有力，却难以阻止“水更流”的趋势。这是人生哲学，也是天地之道。因此，要辩证看待“刚”与“柔”的关系：刚中要有柔，柔中要有刚，刚柔相济方是天地之道，也是人生的智慧所在。最有代表性的是水：没有什么比水更柔软的了，它无比顺从地听任驱使和摆布，在杯中成杯形，在瓶中成瓶形，在江河中成江河形，在大海中成大海形。另外，遇冷结冰，遇热而沸，再热则成为水汽。还有，人们不管遇到怎样的肮脏，都用水去冲洗和解决。水又甘处下位，总朝着低处流动，从不愿意高高在上。因之，世上可能没有什么比水更顺从和甘处下位的，水能成为洗涤一切肮脏的存在。水的另一价值在于，它是生命之源，没有任何生命可以离水而活。所以，水有天地之大“德”。但我们不能因此认为，水是无力的，是完全可被颐指气使的“受役者”；反而，它是力大无穷、绵长悠远的。水滴石穿是这样，山洪暴发和黄河决口也是这样，再大的船舶也会倾覆，更是这样。所谓的“水火无情”，即是对水的力量的形象概括。我们的人生也要从中受益，既要善用阳刚之力，更要有阴柔的人生态度，以锻造自己的化解之法。

明人写过《曲城说》一文，曾这样谈“曲”与“直”的关系，从中可见对于张弛与刚柔关系的辩证理解，也是解开人生“死结”的形象说明。

> 尝博求天地之理，通观万物之情，乾取其旋，坤取其转；四时取其循环，七宿取其周天；山取其回，水取其绕，龙取其蟠，虎取其踞，鸟取其回翔，松柏取其盘结。是故武夷九曲，擅名胜也。栏干六曲，呈巧妙也。方塘四曲，开水鉴也。新月一曲，昭天文也。春在曲江则愈佳，花开曲径则愈奇，觞流曲水则愈芳。是故物有物曲，心有心曲，事有委曲，言有衷曲，艺精于审曲，道纯于致曲……曲之时义大矣哉。
>
> 然而忧戚百至，可以曲解；馆谷不丰，可以曲就；世情难周，可以曲尽；人事拂乱，可以曲处；疾病扰我，可以曲

> 守；横逆加我，可以曲忍；狂恶乘我，可以曲避。人呼我为牛，吾曲认之以为牛；人呼我为马，吾曲认之以为马。曲之独适于用也如是。
>
> 弓矢相为用，矢为直，弓为曲。篷樯相为用，樯以直，篷以曲。纶钩相为用，纶以直，钩以曲。规矩准绳相为用，准绳以直，规矩以曲。有戆谏，有讽谏；戆以直，讽以曲。有忠告，有善道；忠告以直，善道以曲……处治以直，处乱以曲。曲得其宜，直在其中矣。[①]

中国太极也深得化解之法，所以在内外、方圆、急缓、进退、曲直、得失、阴阳、张弛、刚柔等方面，都达到了辩证理解，也掌握了其神髓。于此，人生所有的“死结”都可在腾挪、借力打力、化功大法中予以解决。

三　人生如走钢丝

大千世界无奇不有，人生亦复如是。我们能看到不少冒险家，他们有着强烈的好奇心，凭借着惊人的意志和生存技巧，不断挑战极限，在冒险中获得自我价值的实现和提升。也有人充满爱心，蓄养各种动物，有人甚至与狼共舞，与巨蟒为伴，与毒虫共同生活。当然，还有各种收藏家，一生以另类收藏为好，像作家贾平凹就痴迷于硕大的汉罐，图书装帧艺术家张守义被称为国

① 刘士鏻选编：《古今文致》，参见林语堂《论曲线》，《林语堂名著全集》第16卷，第307—308页，东北师范大学出版社，1994年版。

内首屈一指的古灯藏家，光啤酒起子就收了近千个。看来，不同的人有不同的活法，各有各的精彩。不过，如何获得一种平衡、一种张力和震颤、一种优雅的美感，就如走钢丝一样，恐怕这是人生的最高境界。

对于冒险和探险，一般人会不以为然，这不是拿生命开玩笑吗？短暂生命因此而苦累而磨损甚至死亡，那太不值得了。然而，在冒险家和探险家看来，世界人生是如此寂寥，更多的是平淡无奇的生活，日复一日、年复一年，周而复始、循环往复，有何生趣与意义？所以，他们要从自我开始，走出家门，走出单位，走出世俗人烟，迈开步伐，走向天边，浪迹天涯，与天地为伍，从中体会探求、发现、创造之美。这是一种将自己的身体与灵魂交给天地与神灵的逍遥自在，一种看淡世俗人生的超拔与豪迈。这是普通人永难理解的一类人：他们看淡生死，只想与天地同在、与神灵对语，哪怕死亡也在所不惜。据《史记》载，汉张骞出使西域，经匈奴时被拘，长达十余载，后几经周折，行程无以计数，最后回国，成为打通丝绸之路的人。由此，张骞被封为“博望侯”，“自博望侯开外国道以尊贵，其后从吏卒皆争上书言外国奇怪利害，求使”[①]。后来，求使别国虽成为一种世俗化的功利追求，但张骞的出使西域却是开拓性的探险与文化交流，是有民族大义和超越自我的逍遥精神的。法显和玄奘是到西方取经的探险家，他们的超凡脱俗和大无畏精神为后人永远铭记。这在《西游记》中得到了形象生动的描述。郑和则是海路的探险

① 司马迁：《史记·大宛列传第六十三》，第3171页，中华书局，1989年版。

家，他曾七下西洋，成为中国与外国联系的纽带。徐霞客历尽千辛万苦，遍访名山大川，所到之处多是人迹罕至，他的游记既是记历，更是在天地间逍遥自适的美好表达。还有当代中国的探险家，像全程独漂黄河的闪米特，有“当代徐霞客”美誉的徒步旅行者余纯顺，帆船探险家郭川，等等，他们都以探险和冒险获得了超越性，是精神和灵魂的飞升者。

还有一些人无意于用身体和生命冒险，而是在现实的大地上，甚至在一己书斋中，上下探索追求，以实现自己的自由梦想与精神追求。以《山海经》为代表的中国古代神话传说，虽不能说作者没有探险与游历，但主要是一种奇思玄想，是立足于现实而做的超现实之梦。只有当人类以超乎现实甚至想象的方式去天马行空、一任天然地奔驰，才是真正的逍遥。这颇似人在两个悬崖间走高空钢丝，那种超然、梦幻和神奇之感，虽在人间，但又好像已非人间。屈原的《离骚》是一个知识分子超越性情怀的书写，不管是香草美人，还是天问，都是如此。司马迁写《史记》，当然有历史责任感，也有对于现实的愤懑，还有为那些失败的英雄和小人物鸣不平；但我认为，也表现了作者在污浊的世俗中所能做到的“逍遥”，一种“出淤泥而不染”的生命的轻扬。当写到三皇五帝，尤其写到黄帝等人，那是一种怎样崇拜而又向往的神情，这是在黄帝等人身上看到的超凡脱俗和超然物外。如司马迁写道：“黄帝者，少典之子，姓公孙，名曰轩辕。生而神灵，弱而能言，幼而徇齐，长而敦敏，成而聪明。”“帝颛顼高阳者，黄帝之孙而昌意之子也。静渊以有谋，疏通而知事，养材以任地，载时以象天，依鬼神以制义，治气以教化，洁诚以祭祀。……动静之物，大小之神，日月所照，莫不砥属。”“帝喾高辛者，黄帝之曾孙也。……高辛生而神灵，自言其名。普施利物，不于其身。聪以知远，明以察微。顺天之义，知民之急。仁而威，惠而信，修身而天下服。取地之财而节用之，抚教万民而利诲之，历日月而迎送之，明鬼神而敬事之。其色郁郁，其德嶷嶷。其动也时，其服也士。帝喾溉执中而遍天下，日月所照，风雨所至，莫不从服。”“帝尧者，放勋。其仁如天，其知如神。就之如日，望之如云。富而不骄，贵而不舒。黄收纯衣，彤车每次白马，能明驯德，以亲九族。九族既睦，便章百姓。百姓昭明，合和万国。”[①]这些描述不只是褒扬之词，更是作者在身处逆境、备受屈辱下，所做的超越性努力和逍遥自适，这是一个书生在书斋中所能做的最大苦难之解脱。还有汤显祖的《牡丹亭》和《南柯记》、曹雪芹的《红楼梦》、蒲松龄的《聊斋志异》等，他们在黑暗现实面前无能为力，在书斋用文学尤其是梦、鬼的形式，进行突破和超越，从而获得精神自由与灵魂解放。

不过，从严格意义上说，在走钢丝般充满好奇心、有震颤感的过程中，在趋于极端的冒险甚至悲壮感面前，超越性、神奇力量和逍遥精神虽有之，却总给人一种不安定感，一种过犹不及，这就容易陷入欲速不达、南辕北辙的误区。比如，没有敬畏天地，一味地张扬人的力量，甚至将人的欲望和能力无限夸大，那也是不智慧甚至是愚蠢的。换言之，以赴死为荣的所谓冒险，即使再具有超越性和逍遥精神，也不是健康智慧的人生。因此，我

---

① 司马迁：《史记·五帝本纪第一》，第1—15页，中华书局，1989年版。

最欣赏司马迁笔下对“三皇五帝”的描述，也喜欢历险而归的张骞、法显和玄奘，热爱将自己融入自然而获得美感的徐霞客，因为走钢丝的人生还有个重要因素，那就是在历险的刺激中获得安宁与优雅，一种好玩中的和适、均衡与美感。这也是中国人的智慧所在。就像平衡术的境界，也像让玻璃球在周身流走，还像太极功夫的收放自如，那是一种理解了天地自然神髓后，所做的回应与共鸣。《三国演义》中诸葛亮的“舌战群儒”，以适度、风度、气度将矛盾化解于无形，就是一种高超的走钢丝的艺术。

当我们健身时，一只手托起数个大养生球旋转，从常识甚至科学角度讲，那几乎是不可能的，因为手小而球又多又大。然而，在高手尤其是身怀绝技和有太极功夫的人来说，这是一件再自然不过的事。手与球、身与心、球与球、球与人、球与天地，都处于一个巨大的场中，自然、宁静、安然、超然，让人感到大珠小珠在玉盘中流转的美好感受，而没有任何阻隔。这就是我所理解的人生如走钢丝般的境界。

四　幻化的妙用

人生必须获得“醒觉”，否则永难超脱现实的苦难，更不会获得幸福的人生感受。在人生中，有两点特别重要：一是“根”，无根就是漂泊与逆旅；二是“化”，没有变化则会被拘囿和转入沉灭。以家乡观念为例，没有故土情怀的人，是没有根系的流浪者，永远不能得到内心的安宁；但过拘于家庭与故土，一个人将永远走不远，也不会成长。然而，当某一天，一个人达到这样的境界："身在异乡"不为"客"，换作"他乡"为"故乡"，他就真正成熟和超脱了。所以，"不变"与"变"是一对矛盾，如能将二者打通并化解，也就不存在间隔与沟壑，而成光芒之下的一片通途了。

人的成长是一个幻化的过程。从"无"到"有"，从婴儿、童年到成年，身体与心智都在成长，这本身就是一种神奇，就像一粒种子从孕育、发芽、开花到结果一样。这是一种新生，也是一种从量变到质变的过程。我们的人生都要从中受启，获得某种来自生命甚至灵魂的感悟，一种让自己不断成熟、坚实、强健、美好的成长性。不过，另一种身心成长也非常重要，即如何突破自然生长，进入一种修为状态，这是一个人锻造意志品质的集中体现。当一个普通人学会了舞蹈，就会让身体变得轻灵起来，获得一种说不出的愉悦与自由；当一个人学会了歌唱，就会使歌喉及其灵魂插翅高飞，进入美妙甚至神奇的境界；当一个人学会了体操和武术，就会将内在的潜能充分调动和发挥出来，甚至变得连自己都觉得不可思议。因此，一个人身体的成长，以及对于自我的锻造，本身就是一种神奇的力量，再加上与此相关的心智成长，那就具有幻化作用，使自己超出普通人，变得更加光彩照人和魅力无限。这也是为什么，一些成功人士往往都有健身、锻造身心的经历和能力，因为健美的身心、美妙的歌喉、轻灵的舞姿、潇洒的气度，它们本身就是一首诗，就是不可思议的成长的力量。所以，美国著名作家马尔腾强调一个人的身体与成功的正比关系。他说："身体同精神是息息相关的。一个有一分天才的体强者的成就，可以超过一个有十分天才的体弱者的成就。”[①] 所以，由强健的身体到健康的心智，再到品质的锻造，是通向成功的关键，也是逍遥的前提和必要因素。

然而，随着年龄增长尤其是老化，一个人的身体和精神也会呈下降趋势，这也是许多人日渐衰退甚至颓废的主因。其实，越到中老年，越要有转化甚至幻化的意识和能力。看到蝉蜕与蝶变，我们就会获得某种启示，从而进入生命的变化和超越之中。还有，草木一岁一枯荣，它不仅代表着衰落与死亡，更代表重生和新生。当前，不少中老年人在岁月和生命面前不堪一击，转眼间就变得老态和失去了生机活力，特别是对于人生、生命和未来失去了信念和美好的感受，从而造成人生的苦闷和焦虑。这都与没有理解人生和生命的幻化之妙有关。面对华发、退休、衰老，一个人必须获得新生能力，这就需要解决以下几个问题。

第一，克服青春崇拜的人生观和价值观。不少人只觉得年轻人美好，一旦岁数大了，尤其是面对白发和老化，总显得不够自信：他们不爱照相，也不顾染发带来的副作用，还用各种化妆品将脸覆盖起来，有的甚至不断地整容。殊不知，越是这样做越会促使和加速自己老化，因为心态已经老化，再美的颜色与化妆品也不能让一颗心年轻起来。因此，心灵的年轻与生命的自信对于中老年来说最为重要。健全的人生观应该看到：如同一年四季，春夏秋冬各有其美，不可代替。年轻代表的是明丽与活力、勇敢

---

① （美）罗杰·马尔腾著，林语堂译：《成功之路》，第 208 页，陕西师范大学出版社，2003 年版。

与探索、灵活与创新，老年则是成熟、智慧、优雅、从容、宁定的象征。当白发满头，那是思想与智慧的火焰在跳跃；当皱纹深刻，那是岁月的风霜雨雪所做的美好镌刻；当目光平远深邃，那是满腹经纶与大道藏身的自然呈现。因此，改变青春崇拜，辩证看待人生的每一季节，包括花开花谢的自然而然和各有价值，一个人就会获得新的超越性，也会让生命重新燃起。事实上，不少退休者都人老心不老，并将生活和人生看成生命的第二春。如此这般，他们就会活力无限，精彩永驻。

第二，永远不要让自己停下来，尤其是不能停止劳作、思考、探索与创造。许多人退休后确实一下子变老了，一个很重要的原因是，他自觉不自觉将自己划入老人行列。当大脑停止思考，变得无所事事，那么老化是不可克服的，尤其是对于那些退休前的脑力劳动者来说，更是如此。大脑仿佛是个劳动工具，原来一直在用，所以金光闪闪；一旦弃之不用，它或生锈或松散或闲坏了。这就好像一把铁锹，半年甚至一年不用必然生锈；一个屋子不住人，闲置数年，必然塌坏；一个人如果在床上躺半个月，保准下不了地，即使下来也不会走路了。从此意义上说，那些懂得生活、生命和人生的人，总是让自己活动起来，不停止人生的追求，这样才会身心健康、老当益壮。这可能是中老年生命保鲜最简便、直接、有效的方法吧。

第三，有一颗平平淡淡、从容不迫、豁达开朗、超越生死的心灵。一个人的人生智慧与境界如何，归根结底取决于内心。因此，人生能否收放自如、快乐无限、福运绵长，关键看其内心图景。如果认真观察那些长寿的老人，就会发现一个共同点：徐缓、从容、镇定、平淡、知足、快乐，他们像一缕阳光照着你，也像和煦之风吹拂着你。他们身上还有柳条一样的柔韧之美，无论在春风还是秋风抑或在严冬里，都是如此。老子曰：物壮则老。他还说：以柔软胜刚强。讲的就是此理。当一人能从年轻走到年老，这看似简单，实则并非易事。其中包含了巨大的神秘力量，那就是生活的智慧。尤其是面对一切消解和破坏力量时，一个人具有抵御、顺遂、化解的能力，其间的柔韧美学是不可忽略的。

当年，周文王被纣王所囚。为了测试他，纣王甚至杀死周文王之子，并将之做成肉汤，让他品尝。为麻痹纣王和韬光养晦，周文王在心知肚明的情况下，竟若无其事喝下了肉汤，还赞其味美。更具有超越性意向的是，在这样恶劣的情况下，周文王竟能创出《周易》。沈复的《浮生六记》塑造了陈芸，这是一个“布衣饭菜，可乐终身”的奇女子，她无富贵心，却有着平淡、知足、快乐的人生观，谱写了一曲优雅美好的人生逍遥之歌。

个体与天地宇宙的关系，既不对等又对等。所谓不对等，是指天地宇宙如此博大、广阔无垠，一个人甚至整个人类也只是微尘；而对等的一方面，人又有超常的聪明智慧，它可以理解、创造、体悟、幻化出这个世界的人生图景，从而摆脱受制于天、受制于人、受制于环境和被奴役的状态。这就好像一块丝绸，它如彩霞一样美丽，又如柳絮般柔软轻盈，还有婴儿肌肤样的光润，当然更有以柔克刚的神秘力量。这也是为什么，有武林高手以丝绸为兵器，战胜刀枪剑戟，因为“柔”有时比“刚”更具内在、坚韧、绵长的力量。没有太极功夫和老子智慧，很难理解这一点。因此，人生应当通过努力修炼进入这样的化境。

后记

去年底，韩德民教授来电让我对原题《逍遥的境界》的这本书进行修订，最好再加些内容，因为原书有点薄，字数也不多。我欣然同意，也感谢出版社美意，以及对于本书的欣赏和邀约。

重新拿起这本小书翻阅，仍有某些难以言说的激情满怀。

一是感慨于时光如白马过隙。本书初版于 2001 年，转眼间已过去近 20 年，而小书刚出版的喜悦仿佛就在昨日。目前，我已出版几十种著述，但这本小册子仍然清新，像青春的年纪与颜色。

二是从一开始，我就喜欢本书初版的装帧。它像小鸟儿的翅膀一样轻灵，抚摸上去有丝绸般的质感；封面颜色似海水一样有蓝色，也有白光飘动，还有山、水、云、月以及翻动的浪花，那无疑是个极其逍遥的境界。在我出版的众多著作中，本书在多方面都不一定突出，但设计装帧的美感，却少有能望其项背者。

三是喜爱这书的内容和写作方式。逍遥是我人生的圆点，也是一个重要支点。年轻时，这一体会还不那么强烈，随着年岁增长，尤其经了岁月的风霜雨雪洗礼，我越来越感到逍遥的重要。

那是在经过水与火、汗水泪水与血水的考验后，灵魂获得飞升的过程。今天，我之所以能变得从容不迫、潇洒自由、泰然处之，都与“逍遥”二字有关。与那些高头讲章的学术著作不同，《逍遥与境界》的写作仿佛在冰上翔舞，它能将我引入梦幻般的境地，带着某些难以言说的愉悦和酣畅淋漓。

四是想起与韩德民博士的友谊。1993 至 1996 年，我们同在中国社会科学院研究生院攻读博士学位，因志趣相投、专业相近、性格相合，在一起交流的时间多，也特欣赏他的爱书、好学、深思，尤其是在一起神聊的海阔天空。读博那段最美好的时光，像一条彩带，将我们两个还有些青涩的“老学生”连在一起。后来德民博士主编这套丛书，即是我们读书生活的美好延续。至今，我们都已年过半百，但友情仍经久弥新，并未被时光的尘埃遮掩。

原书共有四章，它们分别是《难得糊涂——愚笨拙朴中的聪明智慧》《审美人生——诗性的超越与栖居》《游戏姿态——旁观者的生活态度》和《营造幻象——在追忆与想望中超升》。这次又加上两章，一是《有无相生——生命本相与人生醒觉》，二是《化解之法——在震颤中寻找平衡》。这样一共六章，不论从篇幅还是内容，较前都更合理了。通过这次增补，能让原来的本子有所提高和完善，这是一件快事！

感谢陈雪春女士和蔡时真女士，感谢她们给本书提供了这个以新面目与读者见面的机会。

2019 年 2 月 22 日于北京沐石斋